El Evangelista

Trayendo otros a Jesús

Joseph Anthony Andino

JOABY
BOOKS
A division of Joaby Ministries

© 2019 por Joseph Anthony Andino
Todos los derechos reservados

El Evangelista
Trayendo otros a Jesús

Ninguna parte de esta publicación podrá ser reproducida, procesada en algún sistema que la puede reproducir, o transmitida en alguna forma o por algún medio electrónico, mecánico, fotocopia, cinta magnetofónica u otro proceso, excepto para breves citas en reseñas, sin el permiso previo del Rev. Dr. Joseph Anthony Andino.

Todos los pasajes bíblicos en este libro están tomados de la traducción Reina Valera 1960 a menos que se le indique a lo contrario.

Impreso en los Estados Unidos

Traducido al español por: Abigail Andino
Editado por: Madeline Pereira
Portada por: Marc McBride

ISBN # 978-1-7338857-1-3

Joaby Books, a division of Joaby Ministries

Contenido

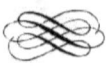

Introducción i
    Como usar este recurso ii
    Reglamentos de la Academia v
    Proyectos del discípulo vi
Llamados para Evangelizar 2
    ¿Qué es evangelismo? 3
    Los discípulos de Jesús como evangelistas 3
    Todo creyente está llamado a evangelizar 4
    El evangelismo requiere esfuerzo 5
El Evangelio de Jesucristo 9
    La caída del hombre 11
    El descenso de Jesucristo 12
    La aclamación de Jesús 13
    La muerte y sepultura de Jesús 13
    La resurrección y ascensión de Jesús 14
    La segunda venida de Cristo 15
Compartiendo su Testimonio 17
    Autoridad bíblica 17
    El testimonio de la mujer samaritana 20
    El testimonio del Apóstol Pablo 22
    Aplicación práctica 23
Poder para Testificar 25
    ¿Qué es el Bautismo del Espíritu Santo? 25
    El Bautismo del Espíritu Santo y la Regeneración 26
    ¿Está el Bautismo del Espíritu Santo disponible hoy? 29
    ¿Cómo recibo el Bautismo del Espíritu Santo? 30
    La evidencia del Bautismo del Espíritu Santo 33
El Testigo Fructífero 36
    Fruto según la biblia 36
    El fruto del Espíritu 37
Echando Raíces 45
    La raíz precede al fruto 46
    Plantado en la Palabra de Dios 47
    Plantado en la Casa de Dios 48
    Plantado en la oración 49

- El Testigo como Sembrador 52
  - La parábola del sembrador 53
  - El terreno al lado del camino 54
  - El terreno de pedregales 56
  - Cuatro condiciones del terreno de pedregales 56
  - La tierra con espinos 59
- Un Sembrador Productivo 64
  - Terreno fértil 65
  - ¿Cómo incrementamos el fruto productivo? 65
  - Cuatro funciones de la productividad 69
- Pasión por las Almas 71
  - Desarrollando pasión por el perdido 72
  - Entender la realidad de la eternidad 73
  - Evitar los Peligros del Prejuicio 76
- Pescadores de Hombres 80
  - Tres métodos para atrapar peces 82
- Evangelizando a través de la oración 92
  - Orar al Padre en el nombre de Jesús 95
- Financiando el Evangelio 100
  - Dar a Cesar lo que es de Cesar 101
  - Dar a Dios lo que es de Dios 105
  - Los diezmos de Abraham 106
  - Los diezmos de Moisés 109
  - Las bendiciones del diezmador 111
  - Derramamiento sobreabundante 113
  - Victoria contra el enemigo 115
- Como iniciar una Academia de Discipulado en su iglesia 118
  - El currículo 118
  - El director de la Academia 119
  - El asistente al director 120
  - El secretario/tesorero 120
  - Los maestros/mentores 121
  - Reglamentos de la Academia 121
  - Proyectos del discípulo 122
- El Pacto del Discípulo 124
- Tarjeta del Nuevo Creyente 125
- Reporte de Seguimiento 126
- Reporte Mensual de la Academia 127
- Auto-exámenes 128
- Bibliografía 143
- Recursos de la Academia 144

Dedicatoria

Quiero dedicar esta obra literaria a todos los maestros/mentores de la Academia de Discipulado de la Catedral Nuevos Comienzos, en Passaic New Jersey. Gracias por sus esfuerzos y la dedicación que muestran apoyando a los nuevos creyentes en su desarrollo espiritual. Es un gozo ministrar contigo y ver como las almas van creciendo en la gracia y conocimiento de nuestro Señor Jesucristo. Que la bendición de nuestro Señor abunde en sus vidas siempre.

Pastor Bryan Martínez
Juan y Scarlett Busque
Luis y Lissette Reyes
Carlos y Edith Méndez
Noel y Mabel González
Javier y Adela Huerta
Giovanni y Nancy Villalona
Apolonio y Evelyn Sosa
Miguel y Cruz Rosario
José Montalvo
Bernardo Ruiz
Martha Ventura
Maritza Chalas

De igual manera quiero agradecer a la directora de nuestra Academia de Discipulado, Migdalia Hernández Sánchez, y su equipo de liderazgo, por su arduo trabajo, corazón de servicio, y dedicación a la excelencia. Podemos atribuir el éxito de nuestra Academia a su ministerio de liderazgo y su pasión por las almas. Ciertamente, habrá una corona en el cielo que refleja sus esfuerzos.

Por fin, quiero dar gracias a Dios por mi esposa, la pastora Abigail Andino, por ser mi ayuda idónea por los últimos 24 años. Comenzamos nuestra jornada de discipulado eclesiástica en el estado de Kentucky, donde duramos ocho años en aquella obra y vimos la mano de Dios formar y bendecir a muchas personas. Ahora, por más de diez años, estamos haciendo discípulos en la cuidad de Passaic New Jersey, y ha sido una bendición extraordinaria. Solo Dios sabe lo que nos espera en el futuro; pero una cosa si se, y es que juntos, continuaremos haciendo discípulos para la honra y gloria de aquel que nos llamó. Te amo.

Introducción

Si está leyendo este libro debe ser porque recientemente se ha convertido en un seguidor de Jesucristo; o puede ser que, como cristiano, aún no ha tenido la oportunidad de estudiar un curso de discipulado. En ambos casos, déjeme decirle que ha tomado la decisión correcta. Si eres un creyente nuevo, este libro le guiará en sus primeros pasos como discípulo de Jesús. Es importante que todo cristiano conozca, entienda y sepa quién le ha salvado, por qué (o para qué) ha sido salvo, de qué ha sido salvado y de cómo compartir su experiencia de salvación y su fe, además de otros principios básicos y prácticos que enseña la biblia. Este conocimiento, bien aprendido, será el fundamento sólido que servirá como la base sobre la cual construir una vida cristiana saludable, consistente y estable. Si estás leyendo el libro porque nunca has tenido la oportunidad de estudiar un curso de discipulado, este libro le ayudara a recordar lo básico de la fe cristiana y las herramientas para entrenar a otros en el desarrollo de su fe.

El ministerio de discipulado ha sido esencial y fundamental en la iglesia desde su nacimiento. Después de la crucifixión de Jesús, y antes de su ascensión a la diestra del Padre, Jesús comunico unas instrucciones importantes a sus discípulos con el fin de motivarles a continuar el ministerio que él había iniciado; *"id, y haced discípulos a todas las naciones, bautizándolos en el nombre del Padre, y del Hijo, y del Espíritu Santo; enseñándoles que guarden todas las cosas que os he mandado; y he aquí yo estoy con vosotros todos los días, hasta el fin del mundo"* (Mateo 28:19, 20). Por más de tres años, Jesús ministro a las necesidades espirituales y físicas de su comunidad compartiendo el amor y poder de Dios y mostrando que una nueva época en la historia de la raza humana había empezado. Jesús entrego los detalles e instrucciones de este nuevo pacto a sus discípulos, con la fe y esperanza de que ellos iban a hacer lo mismo. Dos mil años después, hay más de mil millones de discípulos de Jesús siguiendo el legado ministerial del Maestro. Preparé esta obra literaria para ayudar a todos los creyentes que desean ser colaboradores con Jesús en la expansión de su reino y la edificación de su iglesia a través de la tradición cristiana del ministerio de discipulado.

Como usar este recurso

La Academia de Discipulado fue creada para entrenar a los nuevos creyentes en el conocimiento básico de la fe cristiana. Por la gran pasión que nos mueve, y por el sincero deseo de cumplir la gran misión de Jesús, al cual comúnmente nos referimos como "La Gran Comisión" (Mateo 28:18-20; Marcos 16:15-20), he creado este currículo que se enfoca en cinco principios básicos del discipulado, practicados por Jesús, con el propósito de alcanzar la meta de hacer discípulos de todas las naciones. Estos cinco principios son: *demostración* – Jesús fue un ejemplo perfecto de liderazgo; *invitación* – Jesús invito a sus discípulos a seguirle; *conexión* – Jesús cuido a sus seguidores con amor; *educación* – Jesús equipo a sus discípulos para lo obra del ministerio; y *comisión* – Jesús envió a sus discípulos a ser colaboradores en su reino. He tomado estos principios para crear cinco niveles de entrenamiento para el

Introducción

desarrollo integral del creyente. Estos niveles de entrenamiento son:
(1) La escuela de adorares; (2) La escuela de evangelismo; (3) La escuela de mentoría; (4) La escuela del ministerio; y (5) La escuela de líderes.

El enfoque del primer nivel de la academia, la escuela de adoradores, es enseñar al creyente como desarrollar una vida espiritual íntima con Jesucristo. Logramos esto enseñando al alumno lo que significa ser un discípulo de Jesús con el privilegio que tenemos de desarrollar una vida de oración, lectura bíblica y la adoración de su santo y bendito nombre. Una gran parte de este nivel se concentra en instruir al alumno sobre la naturaleza de la salvación que Dios nos ha dado. Cuando el discipulo concluye la escuela de adoradores, estara listo para ser bautisado en aqua y entendera lo que significa adorar a Dios en espiritu y verdad.

La escuela de evangelismo es el segundo nivel de entrenamiento en la academia y se enfoca en enseñar al creyente cómo compartir el evangelio de Jesucristo con otros. En el primer nivel, el discípulo aprende como acercarse a Jesús y los fundamentos que lo mantendrá en un desarrollo espiritual saludable, en este nivel, aprenderá como traer otros a Jesús. Para capacitar el discípulo como ganador de almas perdidas, el alumno debe entender que cada creyente tiene el llamado de evangelizar a otros. Con este fin será equipado para comprender y compartir el mensaje del evangelio de Jesucristo con las personas que están a su alcance. También entenderá la necesidad de ser un testigo fructífero que comunica el mensaje del evangelio con poder de lo alto. Cuando cumple con los requisitos de este nivel, tendrá las herramientas necesarias de ser un testigo fiel.

En el tercer nivel de entrenamiento, la escuela de mentoría, el creyente es orientado en cómo cuidar y afirmar las personas que él o ella ha ganado para Cristo. Aquí ellos aprenderán sobre el mandamiento más importante en toda la biblia, que es el de amar a Dios con todo el corazón, alma y mente y a su próximo como a sí mismo. Aprenderá los principios de una paternidad espiritual saludable, la importancia de mantener relaciones sanas con los miembros de nuestra comunidad de fe, y las maneras en que los creyentes se van desarrollando espiritualmente. Con el cumplimiento de estos tres niveles de capacitación espiritual, los alumnos estarán capacitados para aprender como sus dones deben funcionar dentro de la iglesia local.

La escuela del ministerio es el penúltimo nivel de entrenamiento de la academia y en ella el discípulo será orientado en como descubrir y desarrollar los dones que Dios les ha dado. En este nivel el alumno aprenderá los principios básicos de la naturaleza de la iglesia de Jesucristo y el gran privilegio que Dios nos ha dado de servir en ella. Para servir en la iglesia con excelencia, el discípulo aprenderá como identificar los dones funcionales que Dios le ha dado y la importancia de perfeccionar esos dones para el servicio maravilloso del rey de reyes. También entenderá la diferencia entre los dones espirituales, administrativos y ministeriales. Esto capacitara al creyente a funcionar dentro del reino de nuestro Señor, a través de la iglesia local, en una manera apasionada y ordenada.

El último nivel de la Academia de Discipulado es la escuela de líderes. Aquí enseñamos al creyente a cómo ser un líder en su hogar, en la iglesia y en su comunidad. Mientras el discípulo va creciendo en la gracia y en el conocimiento de Jesucristo, debe entender que su vida puede ser de una influencia positiva para

Introducción

los que están en su círculo de influencia. A esta altura, el cristiano estudiará los principios de liderazgo tomados de la vida de Jesús con el fin de ser empoderado a practicar los mismos principios en su vida cotidiana. Durante los cinco niveles de la academia de discipulado, estoy confiado de que el discípulo experimentará un crecimiento extraordinario bajo la supervisión de su maestro/mentor; y al completar el curso, estará listo para ser colaborador en la expansión del reino de nuestro señor, trabajando arduamente en su iglesia local.

Reglamentos de la Academia

Cada lección de estudio de la Academia de Discipulado contiene información práctica y pasajes bíblicos para la edificación del creyente. La mayoría de las lecciones en cada nivel pueden ser ministradas por el maestro/mentor, a sus discípulos, en una hora de clase. Las lecciones que son más extensos deben ser divididos en dos clases (ninguna lección debe ser dividido en tres clases). Si siguen este modelo, el alumno podrá completar la academia en un año y medio. Los reglamentos que siguen deben ser considerados por cada maestro/mentor:

Todo estudiante de la Academia debe completar los cinco niveles de discipulado para poderse graduar.

Todo estudiante debe cumplir con los proyectos de discipulado de cada módulo antes de ser promovidos al próximo nivel (véase a *los proyectos del discípulo*).

Todo estudiante debe completar un mínimo de ocho lecciones en cada nivel para ser promovidos al próximo nivel.

Todo estudiante debe venir completamente preparado a la clase para el estudio (con la Biblia, el libro de texto o el cuaderno, y una libreta de apuntes).

Para los alumnos que están estudiando algún nivel por su cuenta (sin un maestro) y desean recibir de nuestras oficinas un certificado de nuestro ministerio, deberán tomar un examen escrito (provisto por nuestras oficinas) en la presencia de algún oficial de su iglesia.

Toda instrucción o reglamento adicional está a la discreción del maestro. Los materiales que corresponden a cada nivel están disponibles y pueden ser adquiridos comunicándose con las oficinas de nuestro ministerio al (973) 472-3498 o vía Internet a joaby@aol.com o www.academiadediscipulado.com.

Proyectos del discípulo

Cada nivel de preparación en la Academia de Discipulado viene con la asignación de un proyecto diseñado para la práctica de los principios bíblicos aprendido. En la mayoría de los casos, los maestros/mentores deben de estar presente para supervisar el desarrollo de sus discípulos. Estos proyectos son:

La escuela de adoradores – un retiro espiritual en la iglesia anfitriona con todos los alumnos

La escuela de evangelismo – trabajo personal en las calles, plazas o "mall" de la cuidad

La escuela de mentoría – trabajo personal en los hospitales o asilo de ancianos

La escuela de ministerio – cada alumno debe ser voluntario de uno o varios ministerios de su iglesia local para descubrir donde Dios le está llamando a servir.

La escuela de líderes – cada alumno debe asistir al retiro de líderes en preparación de su graduación. En este retiro, cada alumno compartirá su experiencia de formación con su clase. La última parte del retiro consistirá en una ceremonia de lavamiento de pies donde el alumno tomara para si un colega,

Introducción

y tomaran turnos para lavar los pies el uno al otro, orando y bendiciendo el uno al otro en el proceso.

El Evangelista

Trayendo otros a Jesús

Llamados para Evangelizar
"La misión de ganar a los perdidos"

Id por todo el mundo y predicad el evangelio a toda criatura. El que creyere y fuere bautizado será salvo; más el que no creyere será condenado.

Marcos 16:15,16

Felicitaciones por cumplir el nivel uno de la *Academia de Discipulado*. Es mi oración que su experiencia fue edificante y placentera. Si no ha estudiado el primer nivel todavía debe hacerlo en el futuro. Mientras tanto, le felicitamos por tomar la decisión de estudiar este segundo nivel de discipulado que es *La escuela de evangelismo*. La meta de este curso es:

- Que el discípulo experimente el Bautismo del Espíritu Santo.
- Que el discípulo comience a orar por la salvación de individuos en su círculo (familia o amigos), y eventualmente los invite a una célula o a un servicio en el templo.
- Que el discípulo pueda estar preparado y equipado para compartir el Evangelio de Jesucristo con otros.
- Que el discípulo se comprometa con la membrecía de la iglesia local durante este nivel de entrenamiento.
- Que el alumno cumple con el proyecto del discípulo n-2.
- Que una vez completada la *escuela de evangelismo*, el estudiante continúe hacia el nivel tres, la *escuela de mentoría*.

¿Qué es evangelismo?

Unas de las palabras que debemos definir de un principio es la palabra evangelismo. La palabra raíz de evangelismo es "evangelio" y significa literalmente "buenas nuevas"[1]. Entonces, cuando evangelizamos estamos compartiendo las buenas nuevas de salvación con los demás. Dentro del mundo cristiano, algunas frases sinónimas con evangelismo son: (1) el proceso de invitar a otros a conocer a Jesús (Juan 1:35-49); (2) el proceso de compartir nuestra fe con otros; (3) ser un testigo fiel del mensaje; (4) el proceso de compartir tu testimonio con otros (Hechos 26:1-29); y (5) la predicción del mensaje de Cristo (Hechos 8:4,5).

Los discípulos de Jesús como evangelistas

Una de las primeras cosas que los discípulos hicieron después de haber conocido a Jesús, fue invitar a otros a conocerle. Vemos los ejemplos en:

- Juan 1:35-42 – Andrés invita a su hermano Pedro
- Juan 1:45-49 – Felipe invita a Natanael
- Juan 12:20-26 – Felipe y Andrés comienzan un puente para que algunos griegos pudieran conocer a Jesús

Como seguidores de Jesucristo, debemos aprender a cómo compartir nuestra fe con otros con el fin de que ellos también experimenten el gozo de conocer a Jesús. Esto se llama evangelismo.

---

[1] S. Leticia Calcada, *Diccionario Bíblico ilustrado Holman* (Nashville: B&H Publishing Group, 2008), 589.

Todo creyente está llamado a evangelizar

El segundo punto de esta lección se enfoca en el hecho de que la biblia nos enseña que cada cristiano ha sido llamado por Dios a evangelizar. Según el evangelio de San Marcos, después de la resurrección de Jesús, y antes de ascender al cielo, Jesús compartió unas últimas palabras muy especiales a sus discípulos;
"Y les dijo: Id por todo el mundo y predicad el evangelio a toda criatura. El que creyere y fuere bautizado, será salvo; mas el que no creyere, será condenado" (Marcos 16:15,16).
Este pasaje tiene dos principios que debo compartir contigo. En primer lugar, el texto enseña que el evangelismo es *inclusivo*; "Id por *todo* el mundo y predicad el Evangelio a *toda* criatura". Esto significa que "todo" el mundo y "toda criatura" merecen la oportunidad de escuchar el mensaje del evangelio de Jesucristo. El segundo punto que debemos anotar es que el pasaje enseña que algunos van a creer en el mensaje que predicamos y otros no; *"El que creyere y fuere bautizado será salvo; más el que no creyere será condenado."* Nuestro trabajo no es de *convertir* a nadie sino de *compartir* el evangelio a todos. Los pasajes abajo testifican sobre esta verdad bíblica:

Juan 1:8 – *"No era él la luz, sino para que diese testimonio de la luz."*

El apóstol Juan confirma nuestro llamado a evangelizar:
Hechos 5:42 – *"Y todos los días, en el templo y por las casas, no cesaban de enseñar y predicar a Jesucristo."*

Los primeros discípulos de Jesús nos dejaron un ejemplo de evangelismo:

Hechos 8: 1-5 – *"Y Saulo consentía en su muerte. Y en aquel día se hizo una grande persecución en la iglesia que estaba en Jerusalén; y todos fueron esparcidos por las tierras de Judea y de Samaria, salvo los apóstoles. Y llevaron a enterrar a Esteban varones piadosos, e hicieron gran llanto sobre él. Entonces Saulo asolaba la iglesia, entrando por las casas: y trayendo hombres y mujeres, los entregaba en la cárcel. Más los que fueron esparcidos, iban por todas partes anunciando la palabra. Entonces Felipe, descendiendo a la ciudad de Samaria, les predicaba a Cristo."*

Los creyentes del primer siglo evangelizaron:
Mateo 24:14 – *"Y será predicado este evangelio del reino en todo el mundo, por testimonio a todos los gentiles; y entonces vendrá el fin."* Los creyentes de los "últimos tiempos" (hoy) son llamados a evangelizar.

El evangelismo requiere esfuerzo

El tercer punto en esta lección nos enseña que, según la biblia, el llamado de evangelizar a los demás requiere un esfuerzo personal del creyente. En el pasaje que mencionamos arriba (Marcos 16:15,16), Jesús comisiono a sus discípulos a *"Id y predicar el evangelio a cada criatura"*. Doy énfasis en la palabra "id" porque es un verbo y su implicación gramatical nos enseña que es una acción que requiere esfuerzo o trabajo. El apóstol Pablo confirma el hecho de que el evangelismo requiere esfuerza en su segunda carta a su hijo en la fe Timoteo:

2 Timoteo 4:5 – *"Pero tú vela en todo, soporta las aflicciones, haz la obra de evangelista, cumple tu ministerio."*
Aquí el apóstol Pablo exhorta a Timoteo de hacer "la obra de evangelista." Un evangelista es un predicador del evangelio de

Jesucristo. Él o ella es alguien que comparte las buenas nuevas de Jesucristo con otros. El hecho de que Pablo le exhorta a ser la "obra" de evangelista nos confirma que el evangelismo requiere un esfuerzo personal de parte de la persona que lo ejerce. Un esfuerzo que cada creyente debe hacer para evangelizar es estar espiritualmente preparado. Los pasos abajo sirven como guía para el nuevo creyente que desea prepararse para compartir el mensaje del evangelio con los demás.

La oración
El creyente debe orar por el poder del Espíritu Santo para que pueda proclamar el mensaje del evangelio de Jesucristo con denuedo y si temor (Hechos 1:4,5). También debe orar por las personas que usted desea evangelizar antes de acercarte a ellas.

Entiende el evangelio
El creyente debe entender el mensaje del evangelio de Jesucristo antes de compartirlo con los demás. En la próxima lección vas a aprender algunos puntos básicos del mensaje del evangelio de Jesucristo; mientras tanto, puedes referirse a los siguientes pasajes bíblicos para hallar una información básica sobre el tema (Romanos 1:15,16 / Mateo 9:35 / Hechos 8:25 / Hechos 14:7, 21).

Sea respetuoso
Cuando los cristianos comparten el mensaje del evangelio de Jesucristo con otras personas debemos de resistir la tentación de argumentar y faltar el respeto a ellos. Cada persona tiene su propia filosofía, cultura, religión y opiniones. El creyente debe respetar las opiniones de las demás personas sin tambalear en sus propias convicciones cristianas. Recuerde que no estamos llamados a convertir a la gente sino a compartir el mensaje con la gente. El Espíritu Santo se encargará a usar su vida y sus

palabras para su gloria y honra (1Pedro 2:13-17; Romanos 13:7).

Sea sabio y prudente
Como mencione arribe, el creyente no debe envolverse en argumentos o en discusiones con otra persona al grado que terminan ofendiendo la persona con su actitud o gestos faciales. Al otro lado de la monera, debemos entender que algunas personas pueden ofenderse, no con su actitud, sino con el mensaje de Cristo. En este caso, no debemos de sentirnos mal sino comprender que eso es una de las posibles reacciones normales que el ser humano hace frente a la realidad de su vida pecaminosa. Debemos siempre orar por esas personas para que sus ofensas se convierten en convicción; y su convicción en conversión (2 Timoteo 2:23; Tito 3:8 y 9).

Sea amable
Ya que hemos entendido el reto de no entrar en discusiones o argumentos con las personas que estamos evangelizando, debemos apropiarnos con el don que nos rescató a nosotros de la esclavitud del pecado; el amor de Dios. La biblia nos enseña que debemos hablar la verdad con amor. Por lo cual, cuando salimos para evangelizar, o cuando estamos presentando el mensaje del evangelio con un amigo o familiar, debemos de ser amable, siempre proyectando el amor de Dios a todos los demás (Proverbios 12:25, 15:1 y 1Pedro 3:15).

Invitación
La última parte de cada presentación del mensaje del evangelio es la invitación. En la invitación estamos dando la oportunidad a las personas evangelizadas a responder al mensaje que hemos presentado. Si anotamos que la persona siendo evangelizado está respondiendo al mensaje en una manera positiva, entonces debemos invitarles a confesar a Jesús como su Señor y

Salvador. Si anotamos alguna resistencia, podemos aclarar cualquier duda que tienen o invitarle a la iglesia o a dialogar sobre el tema en el futuro (Hechos 2:38-41; Romanos 10:8, 9 y 10).

Dele seguimiento
Finalmente, el creyente siempre debe dar un seguimiento a las personas que recibieron la presentación del mensaje del evangelio. Este seguimiento debe ser sin ningún sentir de presión o manipulación, sino con amor y paciencia. Cuando sea posible, buscar la manera de traerlos a la iglesia (Hechos 15:36,40 / Romanos 15:1 / 1 Corintios 9:22).

El Evangelio de Jesucristo
"Compartiendo las Buenas Nuevas"

Así que, en cuanto a mí, pronto estoy a anunciaros el evangelio también a vosotros que estáis en Roma. Porque no me avergüenzo del evangelio, porque es poder de Dios para salvación a todo aquel que cree; al judío primeramente, y también al griego.
Romanos 1:15,16

En la lección pasada aprendimos que Dios nos ha llamado a evangelizar; que cuando evangelizamos estamos invitando a otros a conocer a Jesús; que cuando evangelizamos estamos compartiendo el evangelio de Jesús con otros; que cuando evangelizamos estamos compartiendo nuestro testimonio con otros; y el evangelismo requiere esfuerzo. Aprendimos que una de las cosas que requiere nuestro esfuerzo es la preparación. Debemos hacer el esfuerzo de aprender bien el evangelio de Jesucristo para poder compartirlo adecuadamente con otros. En la lección de hoy vamos a tomar el tiempo de estudiar cada paso del evangelio de Jesucristo y así ser equipados para compartir este mensaje glorioso con todas las personas que está a nuestro alcance.

Compartir el evangelio de Jesús es el método más eficaz de evangelizar. El apóstol Pablo declara que el evangelio es *"poder de Dios para salvación"*. La palabra *poder* en el lenguaje original es "dunamis" y significa: *fuerza, poder, el poder que habita en algo por virtud de su naturaleza; energía para hacer milagros*. Cuando el evangelio de Jesucristo es compartido como se debe, el "dunamis" de Dios se manifiesta en el corazón del que lo está escuchando. El Apóstol Pablo entendió que el Evangelio de Jesús tiene poder para transformar a la gente. Él puso toda su confianza en ese poder y no en su propia habilidad para comunicarse. Él compartió esta verdad con la iglesia: *"Así que, hermanos, cuando fui a vosotros para anunciaros el testimonio de Dios, no fui con excelencia de palabras o de sabiduría. Pues me propuse no saber entre vosotros cosa alguna sino a Jesucristo, y a este crucificado. Y estuve entre vosotros con debilidad, y mucho temor y temblor; y ni mi palabra ni mi predicación fue con palabras persuasivas de humana sabiduría, sino con demostración del Espíritu y de poder, para que vuestra fe no esté fundada en la sabiduría de los hombres, sino en el poder de Dios"* (1 Corintios 2:1-5).

Siete puntos del mensaje del evangelio

La creación

La biblia establece claramente que Dios es el creador del universo. Cuando compartimos el evangelio de Jesucristo debemos comenzar con la creación del mundo.

Génesis 1:1 – "En el principio creó Dios los cielos y la tierra."

Isaías 45:18 – "Porque así dijo Jehová, que creó los cielos; él es Dios, el que formó la tierra, el que la hizo y la compuso; no la creó en vano, para que fuese habitada la creó: Yo soy Jehová, y no hay otro."

Génesis 1 – 2:3 – Dios preparó la tierra para ser habitada por el ser humano.
- Primer día – Dios creó la luz (v. 3-5)
- Segundo día – Dios creó la expansión "cielos" (v. 6-8)

- Tercer día – Dios creó las plantas, árboles y la hierba verde (v. 11,12)
- Cuarto día – Dios creó el sol, la luna y las estrellas (14-18)
- Quinto día – Dios creó a todas las criaturas vivas en el mar, los pájaros, etc. (v. 20-23)
- Sexto día – Dios creó todos los animales de la tierra y el primer hombre (v. 24-30)
- Séptimo – Dios descansó de su trabajo (2:1-3)

La caída del hombre

El segundo punto de una presentación robusto del evangelio es la desobediencia de Adán y Eva que causó la caída de la humanidad. Dios creó a Adán y Eva y les dio mandamientos para su beneficio. Adán y Eva desobedecieron el mandato de Dios y cómo consecuencia entró el pecado, las enfermedades y la muerte al mundo. Una de las consecuencias más impactantes que sufrió el ser humano fue la separación espiritual. Desde ese momento el pecado causó una separación entre Dios y el ser humano. La otra consecuencia fuerte fue una naturaleza pecaminosa que será pasada a toda la humanidad por causa de la desobediencia de nuestros padres Adán y Eva.

Génesis 2 y 3 – Revise estos dos capítulos.

Romanos 3:23 – *"Por cuanto todos pecaron, y están destituidos de la gloria de Dios."*

Romanos 5:12,19 – *"Por tanto, como el pecado entró en el mundo por un hombre, y por el pecado la muerte, así la muerte pasó a todos los hombres, por cuanto todos pecaron. Porque, así como por la desobediencia de un hombre los muchos fueron constituidos pecadores, así también por la obediencia de uno, los muchos serán constituidos justos."*

Romanos 6:23 – *"Porque la paga del pecado es muerte, más la dádiva de Dios es vida eterna en Cristo Jesús Señor nuestro."*

El descenso de Jesucristo

El tercer punto de la presentación del mensaje del evangelio es la llegada de Jesús a la tierra. Después de haber establecido la condición del ser humano como consecuencia del pecado, podemos presentar al Señor Jesús como el Salvador del mundo. Jesús vino a la tierra para rescatar a los seres humanos de su condición pecaminosa. Consideremos algunos de los pasajes bíblicos abajo que confirman esta verdad bíblica:

Juan 3:16,17 – *"Porque de tal manera amó Dios al mundo, que ha dado a su Hijo unigénito, para que todo aquel que en él cree, no se pierda, más tenga vida eterna. Porque no envió Dios a su Hijo al mundo para condenar al mundo, sino para que el mundo sea salvo por él."*

Lucas 1:26-35 – *"Al sexto mes el ángel Gabriel fue enviado por Dios a una ciudad de Galilea, llamada Nazaret, a una virgen desposada con un varón que se llamaba José, de la casa de David; y el nombre de la virgen era María."*

Filipenses 2:5-11 – *"Haya, pues, en vosotros este sentir que hubo también en Cristo Jesús, el cual, siendo en forma de Dios, no estimó el ser igual a Dios como cosa a que aferrarse, sino que se despojó a sí mismo, tomando forma de siervo, hecho semejante a los hombres."*

La aclamación de Jesús

El próximo punto se concentra en el hecho de que Jesús declaró ser igual a Dios el creador. Después de haber revisado cómo y porque Jesús vino al mundo, debemos tomar el tiempo para compartir que Jesús mismo declaró ser Dios. La biblia nos enseña que *"Por esto los judíos aún más procuraban matarle, porque no sólo quebrantaba el día de reposo, sino que también decía que Dios era su propio Padre, haciéndose igual a Dios" (Juan 5:18)*. Cuando su discípulo Felipe les pidió una señal del Padre Jesús les dijo *"¿Tanto tiempo hace que estoy con vosotros, y no me has conocido, Felipe? El que me ha visto a mí, ha visto al Padre; ¿cómo, pues, dices tú: Muéstranos el Padre? ¿No crees que yo soy en el Padre, y el Padre en mí? Las palabras que yo os habló, no las habló por mi propia cuenta, sino que el Padre que mora en mí, él hace las obras. Creedme que yo soy en el Padre, y el Padre en mí; de otra manera, creedme por las mismas obras" (Juan 14:8-11)*. Y cuando los judíos religiosos se jactaron de ser hijos de Abraham retándole Jesús afirmo que él era mayor que Abraham diciendo *"De cierto, de cierto os digo: Antes que Abraham fuese, yo soy" (Juan 8:58)*.

La muerte y sepultura de Jesús

Uno de los puntos más importantes del mensaje del evangelio es el sacrificio de Jesús. Después de compartir con el oyente la vida y las declaraciones de Jesús, necesitamos tomar tiempo para explicarle sobre el sacrificio de Jesús en la cruz. Esta parte del evangelio es crucial y fundamental; los pasajes abajo confirman esta verdad bíblica:

"De modo que, si alguno está en Cristo, nueva criatura es; las cosas viejas pasaron; he aquí todas son hechas nuevas. Y todo esto proviene de Dios, quien nos reconcilió consigo mismo por Cristo, y nos dio el ministerio de la reconciliación; que Dios estaba en Cristo reconciliando consigo al mundo, no tomándoles en cuenta a los hombres sus pecados, y nos encargó a nosotros la palabra de la reconciliación. Así que, somos embajadores en nombre de Cristo, como si Dios rogase por medio de nosotros; os rogamos en nombre de Cristo: Reconciliaos con Dios. Al que no conoció pecado, por nosotros lo hizo pecado, para que nosotros fuésemos hechos justicia de Dios en él" (2 Corintios 5:17-21).

"Más Jesús, habiendo otra vez clamado a gran voz, entregó el espíritu. Y tomando José el cuerpo, lo envolvió en una sábana limpia, y lo puso en su sepulcro nuevo, que había labrado en la peña; y después de hacer rodar una gran piedra a la entrada del sepulcro, se fue" (Mateo 27:50, 59, 60).

La resurrección y ascensión de Jesús

Este penúltimo punto de una presentación robusto del mensaje del evangelio se concentra en el triunfo de Jesús. La Biblia enseña que Jesús estaba muerto por tres días y después resucitó. Este mensaje es de gran importancia cuando uno está compartiendo el Evangelio de Jesucristo. Su resurrección nos garantiza una nueva vida en el:

Mateo 28:1-6 – *"Pasado el día de reposo, al amanecer del primer día de la semana, vinieron María Magdalena y la otra María, a ver el sepulcro. Y hubo un gran terremoto; porque un ángel del Señor, descendiendo del cielo y llegando, removió la piedra, y se sentó sobre ella. Su aspecto era como un relámpago, y su vestido blanco como la nieve. Y de miedo de él los guardas temblaron y se quedaron como muertos. Más el ángel, respondiendo, dijo a las mujeres: No temáis vosotras; porque yo sé que buscáis a Jesús, el que fue crucificado. No está aquí, pues ha resucitado, como dijo. Venid, ved el lugar donde fue puesto el Señor."*

Lucas 24:50-53 – *"Y los sacó fuera hasta Betania, y alzando sus manos, los bendijo. Y aconteció que bendiciéndolos, se separó de ellos, y fue llevado arriba al cielo. Ellos, después de haberle adorado, volvieron a Jerusalén con gran gozo; y estaban siempre en el templo, alabando y bendiciendo a Dios. Amén."*

La segunda venida de Cristo

El último punto del Evangelio de Jesucristo es sobre el regreso de Jesús. Él ha prometido regresar a la tierra por todos sus seguidores y esta promesa es nuestra esperanza bendita. Los que creen en Jesús tienen la confianza de estar toda la eternidad con nuestro Rey. Las escrituras confirman esto:

Hechos 1:10, 11 – *"Y estando ellos con los ojos puestos en el cielo, entre tanto que él se iba, he aquí se pusieron junto a ellos dos varones con vestiduras blancas, los cuales también les dijeron: Varones galileos, ¿Por qué estáis mirando al cielo? Este mismo Jesús, que ha sido tomado de vosotros al cielo, así vendrá como le habéis visto ir al cielo."*

Apocalipsis 1:7, 8 – *"He aquí que viene con las nubes, y todo ojo le verá, y los que le traspasaron; y todos los linajes de la tierra harán lamentación por él. Sí, amén. Yo soy el Alfa y la Omega, principio y fin, dice el Señor, el que es y que era y que ha de venir, el Todopoderoso."*

Al final de esta presentación debe ver si el oyente tiene alguna pregunta. No debe de sentirse mal si no puede responder a todas las preguntas. Dígale que va a buscar la respuesta de la pregunta que está en duda y póngase en contacto con su líder lo más antes posible. Dele una oportunidad de aceptar a Jesús como su salvador haciendo la oración de salvación, busque la manera de poder darle seguimiento si es posible. Con esto concluimos la presentación del Evangelio de Jesucristo. Debe estudiarlo hasta que lo pueda dominar bien. La cosecha está lista y Jesús estará con usted en cada paso.

Compartiendo su Testimonio
"Personalizando el mensaje del Evangelio"

Pero cuando venga el Consolador, a quien yo os enviaré del Padre, el Espíritu de verdad, el cual procede del Padre, él dará testimonio acerca de mí. Y vosotros daréis testimonio también, porque habéis estado conmigo desde el principio.
Juan 15:26, 27

La semana pasada estudiamos siete puntos básicos del Evangelio de Jesús. Aprendimos que éste es el mensaje principal que estamos llamados a compartir con aquellos quienes no tienen una relación con Cristo Jesús. Mientras compartimos el mensaje de Su Evangelio con otros, el poder de Dios será desatado en su corazón de una manera especial. Otro método de evangelización es el compartir su testimonio. Compartir su testimonio es compartir la historia personal de su camino de fe en Cristo Jesús. Cuando otros saben lo que el mensaje de Cristo Jesús ha hecho en su vida personal, esto tiene el potencial de producir fe en su vida. Nosotros mencionamos esto brevemente en otra lección y tomará algún tiempo en esta lección para estudiar más sobre esto.

Autoridad bíblica

En nuestro versículo principal de las Escritura en Juan 15:26,27, Jesús enseña a sus seguidores que el Espíritu Santo vendría a la tierra a testificar acerca de Él. En este contexto, Él también les dice a Sus discípulos que ellos también deben "testificar". De la misma manera que se les mandó a los discípulos a testificar acerca del Salvador resucitado, a nosotros también se nos recomienda que compartamos nuestro testimonio con un mundo que se muere y se pierde. La siguiente escritura confirmará la autoridad bíblica sobre este aspecto:

Apocalipsis 12:10,11 – *"Entonces oí una gran voz en el cielo, que decía: Ahora ha venido la salvación, el poder, y el reino de nuestro Dios, y la autoridad de su Cristo; porque ha sido lanzado fuera el acusador de nuestros hermanos, el que los acusaba delante de nuestro Dios día y noche. Y ellos le han vencido por medio de la sangre del Cordero y de la palabra del testimonio de ellos, y menospreciaron sus vidas hasta la muerte."*

En esta parte de la visión del Apocalipsis del Apóstol, el escucha una de las maneras en que los cristianos pueden vencer la malicia del mundo y el diablo, nuestro enemigo. Nosotros vencemos a través de la sangre del cordero y por la "palabra de nuestro testimonio".

Hechos 20:17-24 – *"Enviando, pues, desde Mileto a Éfeso, hizo llamar a los ancianos de la iglesia. Cuando vinieron a él, les dijo: Vosotros sabéis cómo me he comportado entre vosotros todo el tiempo, desde el primer día que entré en Asia, sirviendo al Señor con toda humildad, y con muchas lágrimas, y pruebas que me han venido por las asechanzas de los judíos; y cómo nada que fuese útil he rehuido de anunciaros y enseñaros, públicamente y por las casas, testificando a judíos y a gentiles acerca del arrepentimiento para con Dios, y de la fe en nuestro Señor Jesucristo. Ahora, he aquí, ligado yo en espíritu, voy a Jerusalén, sin saber lo que allá me ha de acontecer; salvo que el Espíritu Santo por todas las ciudades me da testimonio, diciendo que me esperan prisiones y tribulaciones. Pero de ninguna cosa hago caso, ni estimo preciosa mi vida para mí mismo, con tal que acabé mi carrera con gozo, y el ministerio que recibí del Señor Jesús, para dar testimonio del evangelio de la gracia de Dios."*

En este versículo de las Escrituras, el Apóstol Pablo está recordándole a los ancianos de los efesios de cómo él testificó sobre la gracia salvadora de Jesucristo mientras estuvo en su presencia. Les recordó a ellos que él estuvo dispuesto a trabajar arduo y sufrir dificultades por la causa del Evangelio y que ellos debían estar dispuestos a hacer lo mismo. Y aún después que a él le advirtieron que enfrentaría problemas en Jerusalén, nada de esto lo movió a tener temor del peligro. Lo único que movía a este apóstol era su llamado a evangelizar: *"Pero ninguna de estas cosas me detuvo, tuve en poco mi propia vida. Para poder terminar el curso de mi ministerio con gozo, el cual he recibido del Señor Jesús, para dar testimonio del evangelio de la gracia de Dios."*

<u>Hechos 4:32-35</u> – *"Y la multitud de los que habían creído era de un corazón y un alma; y ninguno decía ser suyo propio nada de lo que poseía, sino que tenían todas las cosas en común. Y con gran poder los apóstoles daban testimonio de la resurrección del Señor Jesús, y abundante gracia era sobre todos ellos. Así que no había entre ellos ningún necesitado; porque todos los que poseían heredades o casas, las vendían, y traían el precio de lo vendido, y lo ponían a los pies de los apóstoles; y se repartía a cada uno según su necesidad."*

Este versículo final de las Escrituras que he escogido es para fortalecer este primer punto. Ella nos da alguna introspectiva de cómo funcionaban las cosas en la iglesia del primer siglo. Note que parte de sus actividades incluía el testificar acerca de la resurrección de Cristo Jesús. Podemos ver claramente que los primeros seguidores de Jesús compartían su fe con otros deliberadamente.

Luego de considerar cuidadosamente la escritura anterior, es obvio que a la iglesia se le ha dado un mandato bíblico de testificar acerca de la gracia salvadora de Jesús en cada oportunidad que tengamos. No importa dentro de la circunstancia que nos encontremos, siempre debemos estar listos para compartir la historia de nuestra fe con cualquiera y dondequiera que el buen Señor nos dirija.

El testimonio de la mujer samaritana

Como ya descubrimos en el punto anterior, el compartir la historia personal de nuestra fe es poderoso. Una de las historias de fe más impactantes que yo encuentro en las Escrituras es la de la mujer samaritana. Abra su Biblia en el capítulo cuatro de Juan y lea los versos del uno al cuarenta y tres. Después que usted lea esta historia por sí mismo, repase estos puntos principales conmigo.

De camino a Galilea, Jesús se detuvo en un pueblo llamado Sicar el cual era en Samaria. Jesús estaba cansado del viaje, entonces se sentó en el "Pozo de Jacob". Allí fue donde el conoció a la mujer samaritana. Cuando ella se acercó al pozo, Jesús le pidió alguna agua de beber. Esto es significante porque tradicionalmente los judíos no se asociaban con los samaritanos. Este punto fue hecho por la mujer samaritana en el verso nueve: "Tu eres judío y yo una mujer samaritana. ¿Cómo me pides tú de beber? (Porque los judíos no se asocian con los samaritanos.)"

Después de esta iniciativa, Jesús entra en una conversación con ella, le confronta acerca de su pecado, y ella se despide de su presencia creyendo que Él es el Mesías enviado por Dios. Uno de los pecados que Jesús confrontó en ella fue la disfunción de sus relaciones. De acuerdo a Jesús, ella tenía serios problemas con la impureza sexual pasando por cinco matrimonios y al momento presente de su conversión estaba con un hombre quien era casado con otra. Luego de su conversión (porque ella creyó), la liberación de sus pecados pasados e inmoralidad fueron su testimonio.

La mujer samaritana regresa a su pueblo y comienza a compartir con la gente sobre su encuentro con Cristo. Parte de su testimonio está redactado en el verso veintiocho y veintinueve. "Entonces la mujer dejó su cántaro, y fue a la ciudad, y dijo a los hombres: Venid, ved a un hombre que me ha dicho todo cuanto he hecho. ¿No será éste el Cristo?"

Como un resultado de su testimonio. Mucha de la gente de su pueblo fue al pozo a conocer a Jesús por sí mismos. Su testimonio los conmovió tanto que causó que ellos buscaran a Jesús. Cuando lo encontraron, terminaron creyendo en él. "Muchos de los samaritanos de ese pueblo creyeron en él por el testimonio de la mujer, él me ha dicho todo cuanto he hecho. Cuando los samaritanos vinieron a

Él, ellos le rogaron que se quedara con ellos, y Él se quedó por dos días. Y por sus palabras muchos más vinieron a ser creyentes. Ellos le dijeron a la mujer, no creemos solo por lo que dijiste; ahora hemos oído por nosotros mismos, y sabemos que este hombre realmente es el Salvador del mundo."

Después de repasar esta historia conmigo deben saber por qué yo considero ésta una de las historias de fe más poderosas en la Biblia. La salvación de Dios se extendió a través de un pueblo entero por el testimonio de una mujer quien no tuvo miedo de compartir su historia. Oro que la mujer samaritana le haya animado a compartir su testimonio personal.

El testimonio del Apóstol Pablo

Otra historia poderosa de fe que quiero repasar con ustedes es la del testimonio del Apóstol Pablo la cual se encuentra en el libro de los Hechos capítulo 21:1-21. Repasemos su testimonio. Pablo regresa a Jerusalén y está llegando al final de su ministerio. Después que él fue recibido cálidamente por la iglesia, algunos judíos de la provincia de Asia lo vieron en el templo y revolcaron a la gente en contra de él para que fuera arrestado. Más tarde después de esto, la gente lo arrestó y comenzó a golpearlo hasta casi matarlo, pero, fueron interrumpidos por el comandante de las tropas romanas quien prontamente lo metió en unas barracas hasta su juicio. Fue durante su juicio que el Apóstol Pablo comparte su testimonio con los oyentes.

El comienza compartiendo su historia de fe hablándoles de su trasfondo como judío y que había sido enseñado por Gamaliel. Su sello y compromiso a la ley judía era a tal grado que el perseguía a los seguidores del cristianismo: *"arrestándolos a ambos hombres y mujeres y metiéndolos a la prisión."*

Él iba de camino a meter en la prisión a los cristianos en Damasco cuando una luz brillante del cielo le impactó (conocido como Saulo antes de su conversión) y el oyó una voz decir*: "¡Saulo, Saulo! ¿Por qué me persigues? Este encuentro con Jesús hizo que Pablo se cayera al suelo y perdió si vista."*

Después que recibió instrucción del Señor para ir a Damasco, un hombre llamado Ananías vino y oró por él e inmediatamente recibió la vista. Pablo, entonces, fue bautizado y su camino cristiano de fe en Cristo Jesús comenzó.

El testimonio de Pablo de su conversión parece interesante a aquellos quienes tienen una forma de religión, pero están viviendo como hipócritas y no están disfrutando la presencia real del Todopoderoso. La religión sin una relación genuina con nuestro Creador no puede llenar el vacío que las criaturas de Dios sienten cuando están separadas de Él. Esto es poderoso porque con tantas religiones activas en el mundo de hoy, podemos decir con certeza que millones de individuos han caído en el engaño de la religión vacía. Pablo estuvo en esos zapatos y Dios lo llamó. Según él compartía su testimonio con otros, éstos estaban experimentando lo que Pablo experimentó y podían identificarse con él y recibir la libertad de una religión vacía.

Aplicación práctica

Antes de finalizar esta lección quiero compartir con usted algunos puntos básicos prácticos que lo ayudarán a compartir su testimonio.

Primero que todo, usted debe tomar el tiempo para escribir su testimonio como si estuviese escribiendo una historia corta. Asegúrese que incluya todos los detalles.

Después que la escriba, subraye todos los puntos importantes y prepare un bosquejo. Usted puede usar el bosquejo que creamos en el testimonio de la mujer samaritana o en el testimonio del Apóstol Pablo como referencia. Mantenga en mente que esos bosquejos sean breves y no muy detallados.

Una vez usted crea un bosquejo, comience a practicar la manera en que usted quiere compartir la historia de su fe con otros. *"La práctica hace la perfección."*

Una vez usted esté listo y bien preparado, ore para que el Espíritu Santo lo dirija a compartir su historia con alguien quien necesita escucharla.

Estos son algunos puntos básicos que le motivarán a compartir su testimonio con otros. Oro para que Dios le dé valor para compartir algo cada vez que la oportunidad se lo permita para que otros se puedan beneficiar de las cosas que Jesús ha hecho por usted.

Poder para Testificar
"El Bautismo del Espíritu Santo"

Y les dijo: No os toca a vosotros saber los tiempos o las sazones, que el Padre puso en su sola potestad; pero recibiréis poder, cuando haya venido sobre vosotros el Espíritu Santo, y me seréis testigos en Jerusalén, en toda Judea, en Samaria, y hasta lo último de la tierra.

Hechos 1:7-8

Nuestra escritura principal se encuentra en el primer capítulo del libro de los Hechos. Jesús había resucitado de la muerte y pide una reunión final con sus discípulos antes de partir al cielo.

Su mensaje final tuvo sólo un punto mayor: *"Espera en la promesa del Padre."* Este mandato final sería la llave que abriría el poder de Dios en ellos para poder cumplir la Gran Comisión que Jesús les había dado.

¿Qué es el Bautismo del Espíritu Santo?

La palabra bautismo significa ser inmerso, sumergido, saturado o lleno. El Espíritu Santo es la presencia de Dios. El Bautismo del Espíritu Santo viene a emerger, sumergir, saturar y llenar al creyente con la presencia de Dios para transformarlo en un testigo poderoso del evangelio de Jesucristo. Los pasajes abajo servirán como fundamento básico de nuestra declaración de fe:

Hechos 1:5 – *"Porque Juan ciertamente bautizó con agua, más vosotros seréis bautizados con el Espíritu Santo dentro de no muchos días."*

Marcos 1:6-8 – *"Y Juan estaba vestido de pelo de camello, y tenía un cinto de cuero alrededor de sus lomos; y comía langostas y miel silvestre. Y predicaba, diciendo: Viene tras mí el que es más poderoso que yo, a quien no soy digno de desatar encorvado la correa de su calzado. Yo a la verdad os he bautizado con agua; pero él os bautizará con Espíritu Santo."*

Hechos 11:16-18 – *"Entonces me acordé de lo dicho por el Señor, cuando dijo: Juan ciertamente bautizó en agua, más vosotros seréis bautizados con el Espíritu Santo. Si Dios, pues, les concedió también el mismo don que a nosotros que hemos creído en el Señor Jesucristo, ¿quién era yo que pudiese estorbar a Dios? Entonces, oídas estas cosas, callaron, y glorificaron a Dios, diciendo: ¡De manera que también a los gentiles ha dado Dios arrepentimiento para vida!"*

Lucas 24:46-49 – *"y les dijo: Así está escrito, y así fue necesario que el Cristo padeciese, y resucitase de los muertos al tercer día; y que se predicase en su nombre el arrepentimiento y el perdón de pecados en todas las naciones, comenzando desde Jerusalén. Y vosotros sois testigos de estas cosas. He aquí, yo enviaré la promesa de mi Padre sobre vosotros; pero quedaos vosotros en la ciudad de Jerusalén, hasta que seáis investidos de poder desde lo alto.*

El Espíritu Santo y la Regeneración

La Biblia enseña que el Espíritu Santo mora dentro del creyente desde el tiempo de su conversión a Cristo. Esto es comúnmente conocido como regeneración. Algunos círculos cristianos enseñan que el bautismo del Espíritu Santo y la regeneración son iguales. Yo estoy en desacuerdo con esta enseñanza y ofrezco las siguientes escrituras como evidencia:

Efesios 1:13 & 5:18 – *"En él también vosotros, habiendo oído la palabra de verdad, el evangelio de vuestra salvación, y habiendo creído en él, fuisteis sellados con el Espíritu Santo de la promesa, que es las arras de nuestra herencia hasta la redención de la posesión adquirida, para alabanza de su gloria... No os embriaguéis con vino, en lo cual hay disolución; antes bien sed llenos del Espíritu."*

Note que el Apóstol Pablo confirma el trabajo del Espíritu Santo en la regeneración cuando dice: *"después de haber creído fuisteis sellados con ese Espíritu Santo."* Entonces, más tarde, en la carta él exhorta a esos mismos creyentes que fueron *sellados* con el Espíritu Santo a ser *"llenos con el Espíritu"*. Entonces, ¿cuál es la lección? En nuestra conversión nosotros fuimos sellados o recibimos el Espíritu Santo; luego de nuestra conversión, debemos buscar el ser llenos con el Espíritu Santo y, por lo tanto, obtener el poder para lograr nuestro destino dado por Dios.

Juan 20: 20-22 & Hechos 1: 4, 5 – *"Y cuando les hubo dicho esto, les mostró las manos y el costado. Y los discípulos se regocijaron viendo al Señor. Entonces Jesús les dijo otra vez: Paz a vosotros. Como me envió el Padre, así también yo os envío. Y habiendo dicho esto, sopló, y les dijo: Recibid el Espíritu Santo... Y estando juntos, les mandó que no se fueran de Jerusalén, sino que esperasen la promesa del Padre, la cual, les dijo, oísteis de mí. Porque Juan ciertamente bautizó con agua, más vosotros seréis bautizados con el Espíritu Santo dentro de no muchos días."*

Note que Jesús sopló sobre los discípulos para recibir el Espíritu Santo por regeneración. Esto era ahora posible porque Jesús había resucitado de la tumba y aguantaba el poder de la redención en sus manos por los méritos del sacrificio en la cruz. Antes de su ascensión, Jesús dio a sus discípulos un mandato final de esperar y ser "bautizados por el Espíritu Santo". Con un soplo, Jesús regeneró a sus discípulos; con el otro soplo – Él les mandó a ser bautizados con el Espíritu Santo:

<u>Hechos 19: 1-7</u> – *"Aconteció que entre tanto que Apolos estaba en Corinto, Pablo, después de recorrer las regiones superiores, vino a Éfeso, y hallando a ciertos discípulos, les dijo: ¿Recibisteis el Espíritu Santo cuando creísteis? Y ellos le dijeron: Ni siquiera hemos oído si hay Espíritu Santo. Entonces dijo: ¿En qué, pues, fuisteis bautizados? Ellos dijeron: En el bautismo de Juan. Dijo Pablo: Juan bautizó con bautismo de arrepentimiento, diciendo al pueblo que creyesen en aquel que vendría después de él, esto es, en Jesús el Cristo. Cuando oyeron esto, fueron bautizados en el nombre del Señor Jesús. Y habiéndoles impuesto Pablo las manos, vino sobre ellos el Espíritu Santo; y hablaban en lenguas, y profetizaban. Eran por todos unos doce hombres."*

Note aquí que los discípulos en Éfeso eran creyentes en Cristo quienes habían sido bautizados por el perdón de los pecados. Esto nos aclara que ellos eran cristianos y habían recibido el Espíritu Santo para regeneración. La pregunta del Apóstol Pablo puede ser, por lo tanto, interpretada como una referencia al Bautismo del Espíritu Santo. Pues cuando Pablo oró por ellos, después de descubrir que no estaban llenos del Espíritu Santo, el *"Espíritu Santo vino sobre ellos y hablaron en lenguas y profetizaron"*. Nuevamente tenemos una clara distinción entre el Espíritu Santo para salvación y la llenura del Espíritu Santo para la demostración del Evangelio con poder.

¿Está el Bautismo del Espíritu Santo disponible hoy?

Yo creo que las Escrituras nos enseñan que el Bautismo del Espíritu Santo está disponible para todos los verdaderos creyentes hoy. Algunos círculos cristianos no creen esto.

Ellos enseñan que el Bautismo del Espíritu Santo con la evidencia de hablar en otras lenguas sólo era para unos cuantos selectos durante el primer siglo para poder cumplir el propósito que ya no es necesario. Por esto es importante que el discípulo quien decide ser un ganador de almas efectivo, tiene que tener un entendimiento claro del Bautismo del Espíritu Santo para que éste/a puedan comenzar a buscar la llenura del Espíritu Santo intensamente. Repasé la siguiente escritura:

Hechos 2:37-39 – *"Al oír esto, se compungieron de corazón, y dijeron a Pedro y a los otros apóstoles: Varones hermanos, ¿qué haremos? Pedro les dijo: Arrepentíos, y bautícese cada uno de vosotros en el nombre de Jesucristo para perdón de los pecados; y recibiréis el don del Espíritu Santo. Porque para vosotros es la promesa, y para vuestros hijos, y para todos los que están lejos; para cuantos el Señor nuestro Dios llamare."*

Note que la promesa, *"todos cuantos el Señor llame"*. Si usted es un creyente hoy en día fue porque el Señor lo llamó. Y si Dios lo llamó, entonces usted puede recibir la promesa y la llenura del Espíritu Santo.

Joel 2:28-29 – *"Y después de esto derramaré mi Espíritu sobre toda carne, y profetizarán vuestros hijos y vuestras hijas; vuestros ancianos soñarán sueños, y vuestros jóvenes verán visiones. Y también sobre los siervos y sobre las siervas derramaré mi Espíritu en aquellos días."*

La profecía dada por el profeta Joel de que *"toda carne"* iba a recibir un derramamiento del Espíritu. El término toda carne se refiere a todos los creyentes quienes le buscan. El punto a considerar es que Dios no limita el derramamiento a unos cuántos escogidos, es para *"toda carne"*:

Efesios 5:18-20 – *"No os embriaguéis con vino, en lo cual hay disolución; antes bien sed llenos del Espíritu, hablando entre vosotros con salmos, con himnos y cánticos espirituales, cantando y alabando al Señor en vuestros corazones; dando siempre gracias por todo al Dios y Padre, en el nombre de nuestro Señor Jesucristo."*

El Apóstol Pablo exhorta a la iglesia en Éfeso a *"ser llena del Espíritu"*. Su insistencia a toda la iglesia revela la determinación de Dios de llenarlos a todos con el Espíritu Santo. Este libro fue escrito cerca del año 60, muchos años después del primer derramamiento del Espíritu Santo en Jerusalén, durante la fiesta del Pentecostés. Esto también señala el factor de que el Espíritu Santo está disponible hoy en día.

¿Cómo recibo el Bautismo del Espíritu Santo?

Ahora que hemos aprendido que el bautismo está disponible para el creyente de hoy, debemos descubrir como recibir la llenura del Espíritu Santo de acuerdo a las Escrituras. De acuerdo a la Biblia, siempre que alguien está recibiendo el Bautismo del Espíritu Santo hay dos cosas que están presentes. La primera es un corazón con hambre o deseo (espiritualmente hablando) y la segunda es una atmósfera de oración y súplica:

Hechos 1:1-8 – *"En el primer tratado, oh Teófilo, hablé acerca de todas las cosas que Jesús comenzó a hacer y a enseñar,*

El Evangelista

hasta el día en que fue recibido arriba, después de haber dado mandamientos por el Espíritu Santo a los apóstoles que había escogido; a quienes también, después de haber padecido, se presentó vivo con muchas pruebas indubitables, apareciéndoseles durante cuarenta días y hablándoles acerca del reino de Dios. Y estando juntos, les mandó que no se fueran de Jerusalén, sino que esperasen la promesa del Padre, la cual, les dijo, oísteis de mí. Porque Juan ciertamente bautizó con agua, más vosotros seréis bautizados con el Espíritu Santo dentro de no muchos días. Entonces los que se habían reunido le preguntaron, diciendo: Señor, ¿restaurarás el reino a Israel en este tiempo? Y les dijo: No os toca a vosotros saber los tiempos o las sazones, que el Padre puso en su sola potestad; pero recibiréis poder, cuando haya venido sobre vosotros el Espíritu Santo, y me seréis testigos en Jerusalén, en toda Judea, en Samaria, y hasta lo último de la tierra."

Note en el verso cuatro que Jesús manda a sus seguidores a *esperar* por la promesa del Padre (El Bautismo del Espíritu Santo). La palabra *esperar* es traducida del griego como *"perimeno"* y es un verbo el cual significa *"esperar por"*. El factor de que la palabra *perimeno* es un verbo que indica acción o esfuerzo. Esto significa que Jesús quería que Sus seguidores buscaran insistentemente el Bautismo del Espíritu Santo. Los discípulos obedecieron Su mandato y fueron al Aposento Alto y *"continuaron en un acorde en oración y súplica"*. En el capítulo dos, ellos recibieron el Espíritu Santo y comenzaron a hablar en otras lenguas.

Aplicación – Los discípulos *esperaron* por la promesa del Padre estando en un acorde en oración y súplica. Esta es la acción que ellos tomaron porque así fue que ellos interpretaron el mandato de Jesús. Nosotros también debemos buscar la llenura del Espíritu Santo (bautismo), buscando la presencia de Dios a través de la oración y súplica:

Hechos 4:31 – *"Cuando hubieron orado, el lugar en que estaban congregados tembló; y todos fueron llenos del Espíritu Santo, y hablaban con denuedo la palabra de Dios."*
Anote que el Espíritu Santo llenó a los creyentes en ese lugar *"después que habían orado".*

Hechos 8:14-17 – *"Cuando los apóstoles que estaban en Jerusalén oyeron que Samaria había recibido la palabra de Dios, enviaron allá a Pedro y a Juan; los cuales, habiendo venido, oraron por ellos para que recibiesen el Espíritu Santo; porque aún no había descendido sobre ninguno de ellos, sino que solamente habían sido bautizados en el nombre de Jesús. Entonces les imponían las manos, y recibían el Espíritu Santo."*

Otra vez, el Bautismo del Espíritu Santo fue precedido por oración:

Hechos 10:30-32/ 44-47 – *"Entonces Cornelio dijo: Hace cuatro días que a esta hora yo estaba en ayunas; y a la hora novena, mientras oraba en mi casa, vi que se puso delante de mí un varón con vestido resplandeciente, y dijo: Cornelio, tu oración ha sido oída, y tus limosnas han sido recordadas delante de Dios. Envía, pues, a Jope, y haz venir a Simón el que tiene por sobrenombre Pedro, el cual mora en casa de Simón, un curtidor, junto al mar; y cuando llegue, él te hablará… Mientras aún hablaba Pedro estas palabras, el Espíritu Santo cayó sobre todos los que oían el discurso. Y los fieles de la circuncisión que habían venido con Pedro se quedaron atónitos de que también sobre los gentiles se derramase el don del Espíritu Santo. Porque los oían que hablaban en lenguas, y que magnificaban a Dios. Entonces respondió Pedro: ¿Puede acaso alguno impedir el agua, para que no sean bautizados estos que han recibido el Espíritu Santo también como nosotros?"*

Note que Cornelio estaba orando y ayunando en su casa cuando tuvo la visión del ángel quien le dijo que mandara a buscar al Apóstol Pedro. Cuando Pedro llegó el comenzó a predicar el Evangelio a aquellos que estaban con Cornelio y el Espíritu Santo fue derramado sobre ellos y fueron llenos con Espíritu Santo. Otra vez, la oración y súplica provocaron el derramamiento del Espíritu de Dios.

La evidencia del Bautismo del E. S.

De acuerdo a la Biblia hay dos señales bíblicas sobresalientes de que un creyente ha sido lleno con el Espíritu Santo. La primera es el hablar en una lengua desconocida y la segunda es el profetizar (atrevidamente proclamando la Palabra de Dios). Las Escrituras también mencionan otras señales de una vida llena del Espíritu, pero nosotros estudiaremos sólo estas dos en esta lección.

<u>Hablando en lenguas</u> – Esta es la primera señal del Bautismo del Espíritu Santo. Cuando una persona habla en otras lenguas él/ella está hablando en un idioma que nunca han aprendido:

<u>Hechos 2:1-4</u> – *"Cuando llegó el día de Pentecostés, estaban todos unánimes juntos. Y de repente vino del cielo un estruendo como de un viento recio que soplaba, el cual llenó toda la casa donde estaban sentados; y se les aparecieron lenguas repartidas, como de fuego, asentándose sobre cada uno de ellos. Y fueron todos llenos del Espíritu Santo, y comenzaron a*

hablar en otras lenguas, según el Espíritu les daba que hablasen."

Hechos 10:44-47 – *"Mientras aún hablaba Pedro estas palabras, el Espíritu Santo cayó sobre todos los que oían el discurso. Y los fieles de la circuncisión que habían venido con Pedro se quedaron atónitos de que también sobre los gentiles se derramase el don del Espíritu Santo. Porque los oían que hablaban en lenguas, y que magnificaban a Dios. Entonces respondió Pedro: ¿Puede acaso alguno impedir el agua, para que no sean bautizados estos que han recibido el Espíritu Santo también como nosotros?"*

Hechos 19:6-7 – *"Y habiéndoles impuesto Pablo las manos, vino sobre ellos el Espíritu Santo; y hablaban en lenguas, y profetizaban. Eran por todos unos doce hombres."*

Proclamando poderosamente las maravillas de Dios

La segunda señal evidente en la vida del creyente quien ha sido lleno del Espíritu Santo es profetizar. El creyente lleno del Espíritu tiene una voz profética. Esto no significa que la persona anda adivinando el futuro a toda la gente. La profecía en este contexto, es la proclamación atrevida de las obras de Dios. Esta es la gracia de ser un testigo poderoso del Evangelio de Jesucristo:

Hechos 1:6-8 – *"Entonces los que se habían reunido le preguntaron, diciendo: Señor, ¿restaurarás el reino a Israel en este tiempo? Y les dijo: No os toca a vosotros saber los tiempos o las sazones, que el Padre puso en su sola potestad; pero recibiréis poder, cuando haya venido sobre vosotros el Espíritu Santo, y me seréis testigos en Jerusalén, en toda Judea, en Samaria, y hasta lo último de la tierra."*

Hechos 2:7-11 – *"Y estaban atónitos y maravillados, diciendo: Mirad, ¿no son galileos todos estos que hablan? ¿Cómo, pues, les oímos nosotros hablar cada uno en nuestra lengua en la que hemos nacido? Partos, medos, elamitas, y los que habitamos en Mesopotamia, en Judea, en Capadocia, en el Ponto y en Asia, en Frigia y Panfilia, en Egipto y en las regiones de África más allá de Cirene, y romanos aquí residentes, tanto judíos como prosélitos, cretenses y árabes, les oímos hablar en nuestras lenguas las maravillas de Dios."*

El Bautismo del Espíritu Santo está disponible hoy y es recibido a través de las oraciones y suplicaciones fervientes de los creyentes que desean ser llenos del Espíritu Santo para poder poseer el poder de Dios sobrenatural para completar la Gran Comisión para nuestro Señor. Cuando experimentemos esta bendición comenzaremos a hablar en otras lenguas como el Espíritu de Dios nos dé autoridad y vamos a tener el poder de ser testigos efectivos del Evangelio de Jesucristo atrevidamente proclamando las obras maravillosas de Dios.

El Testigo Fructífero
"El fruto del Espíritu"

Mas el fruto del Espíritu es amor, gozo, paz, paciencia, benignidad, bondad, fe, mansedumbre, templanza; contra tales cosas no hay ley.

Gálatas 5:16-23

Fruto según la biblia

Ya que hemos revisado la importancia de comunicar el mensaje del evangelio bajo la unción especial del Espíritu Santo, debemos dedicar esta lección a entender el llamado alto que tenemos de ser creyentes fructíferos. Para lograr esto, demos considerar algunas palabras en el Antiguo y Nuevo Testamento que se traducen a fruto[2]:

- bikkuwr - *los primeros frutos de la cosecha*
- yebuwl - *fruto que abunda (o fruto en abundancia)*
- yeled / Gennema - *un hijo o hija, descendencia*
- lechem / ma'akal - *comida*
- parah / Karpophoreo - *ser fructífero, crecer*
- periy - *recompensa*
- karpas - *un efecto, un resultado*

Basado en una observación general de estas palabras, podemos establecer que la palabra fruto puede significar: (1) Abundar, aumentar, crecer, o florecer; (2) Ser lleno o satisfecho; (3) Las

---

[2] Estas palabras son tomadas del lexicón griego y hebreo de la concordancia de la biblia "Strong's". Para más información, véase a la bibliografía al final del libro.

primicias; (4) Descendencia, hijos o hijas; (5) Comida, fruto literal; (6) resultados; y/o (7) alguna recompensa.

Antes de estudiar nuestro pasaje central *(Gálatas 5:16-23)*, debemos considerar primero los siguientes puntos contextuales:

- El apóstol nos exhorta a andar (vivir) en el espíritu
- Nos enseña que hay una batalla entre el espíritu y la carne *(y estos se oponen entre sí)*
- Nos revela las señales que se manifiestan cuando la carne domina – *"obras de la carne"*
- Nos revela las señales que se manifiestan cuando el espíritu domina – *"fruto del espíritu"*

Vamos a estudiar estas señales del "fruto del espíritu"

El fruto del Espíritu

Cuando hablamos del fruto del Espíritu estamos hablando de las cosas que van a salir de nosotros como resultado de una vida dominada por el Espíritu de Dios. La palabra *fruto* en la frase *"más el fruto del Espíritu es"* en el lenguaje original es *"karpas"* y significa: *un efecto, un resultado*[3]. Según el Apóstol Pablo, hay nueve características o resultados del Espíritu Santo que se manifiestan en la vida del creyente cuando el Espíritu de Dios domina.

AMOR – *Agape*[4]
Amor fraternal, afección, buena voluntad, benevolencia (ayudar a otros)

---

[3] Strong's exhaustive concordance of the bible, #G2590.
[4] Agape, y todas las demás definiciones del fruto del Espíritu en este capítulo, han sido tomadas del lexicón griego de la concordancia de la biblia "Strong's". Para más información, véase a la bibliografía al final del libro.

Mateo 24:12 – *"y por haberse multiplicado la maldad, el amor de muchos se enfriará"*
Juan 13:35 – *"En esto conocerán todos que sois mis discípulos, si tuviereis amor los unos con los otro."*
1 Juan 4:7-21 – *"Amados, amémonos unos a otros; porque el amor es de Dios"*

GOZO – *Chara*
Animado, de buen ánimo, de buena gana, júbilo (un sentir de que las cosas están bien) Esto es más que alegría la cual es una emoción positiva basada en una experiencia positiva externa. El gozo es una convicción positiva basada en una realidad espiritual interna:

Santiago 1:2 – *"Hermanos míos, tened por sumo gozo cuando os halléis en diversas pruebas, sabiendo que la prueba de vuestra fe produce paciencia."*
Salmo 16:11 – *"Me mostrarás la senda de la vida; En tu presencia hay plenitud de gozo; Delicias a tu diestra para siempre.*
Nehemías 8:9,10 – *"Y Nehemías el gobernador, y el sacerdote Esdras, escriba, y los levitas que hacían entender al pueblo, dijeron a todo el pueblo: Día santo es a Jehová nuestro Dios; no os entristezcáis, ni lloréis; porque todo el pueblo lloraba oyendo las palabras de la ley. Luego les dijo: Id, comed grosuras, y bebed vino dulce, y enviad porciones a los que no tienen nada preparado; porque día santo es a nuestro Señor; no os entristezcáis, porque el gozo de Jehová es vuestra fuerza."*

PAZ – *Eirene*
Un estado de tranquilidad, libre de ira y guerra, armonía, seguridad.

Juan 14:27 – *"La paz os dejo, mi paz os doy; yo no os la doy como el mundo la da. No se turbe vuestro corazón, ni tenga miedo."*

Hebreos 12:14-18 – *"Seguid la paz con todos, y la santidad, sin la cual nadie verá al Señor. Mirad bien, no sea que alguno deje de alcanzar la gracia de Dios; que brotando alguna raíz de amargura, os estorbe, y por ella muchos sean contaminados; no sea que haya algún fornicario, o profano, como Esaú, que por una sola comida vendió su primogenitura. Porque ya sabéis que aun después, deseando heredar la bendición, fue desechado, y no hubo oportunidad para el arrepentimiento, aunque la procuró con lágrimas."*

Romanos 8:5,6 – *"Porque los que son de la carne piensan en las cosas de la carne; pero los que son del Espíritu, en las cosas del Espíritu. Porque el ocuparse de la carne es muerte, pero el ocuparse del Espíritu es vida y paz."*

PACIENCIA – *Makrothumia*
Perseverancia, constancia, resistencia, duración.

Hebreos 6:9-12 – *"Pero en cuanto a vosotros, oh amados, estamos persuadidos de cosas mejores, y que pertenecen a la salvación, aunque hablamos así. Porque Dios no es injusto para olvidar vuestra obra y el trabajo de amor que habéis mostrado hacia su nombre, habiendo servido a los santos y sirviéndoles aún. Pero deseamos que cada uno de vosotros muestre la misma solicitud hasta el fin, para plena certeza de la esperanza, a fin de que no os hagáis perezosos, sino imitadores de aquellos que por la fe y la paciencia heredan las promesas."*

Santiago 1:19,20 – *"Por esto, mis amados hermanos, todo hombre sea pronto para oír, tardo para hablar, tardo para airarse; porque la ira del hombre no obra la justicia de Dios."*

Santiago 5:9-11 – *"Hermanos, no os quejéis unos contra otros, para que no seáis condenados; he aquí, el juez está delante de la puerta. Hermanos míos, tomad como ejemplo de aflicción y de paciencia a los profetas que hablaron en nombre del Señor. He aquí, tenemos por bienaventurados a los que sufren. Habéis oído de la paciencia de Job, y habéis visto el fin del Señor, que el Señor es muy misericordioso y compasivo."*

Nahúm 1:3 – *"Jehová es tardo para la ira y grande en poder, y no tendrá por inocente al culpable. Jehová marcha en la tempestad y el torbellino, y las nubes son el polvo de sus pies.*

Proverbios 15:18 – *"El hombre iracundo promueve contiendas; Mas el que tarda en airarse apacigua la rencilla (la discusión)."*

BENIGNIDAD – *Chrestotes*
Buena moral, integridad, ser simpático.

Efesios 4:32 – *"Antes sed benignos unos con otros, misericordiosos, perdonándoos unos a otros, como Dios también os perdonó a vosotros en Cristo."*

Lucas 6:35 – *"Amad, pues, a vuestros enemigos, y haced bien, y prestad, no esperando de ello nada; y será vuestro galardón grande, y seréis hijos del Altísimo; porque él es benigno para con los ingratos y malos."*

1 Corintios 13:4 – *"El amor es sufrido, es benigno; el amor no tiene envidia, el amor no es jactancioso, no se envanece."*

Romanos 2:1-4 – *"Por lo cual eres inexcusable, oh hombre, quienquiera que seas tú que juzgas; pues en lo que juzgas a otro, te condenas a ti mismo; porque tú que juzgas haces lo mismo. Más sabemos que el juicio de Dios contra los que practican tales cosas es según verdad. ¿Y piensas esto, oh hombre, tú que juzgas a los que tal hacen, y haces lo mismo, que tú escaparás del juicio de Dios? ¿O menosprecias las riquezas de su benignidad, paciencia y longanimidad, ignorando que su benignidad te guía al arrepentimiento?"*

BONDAD – *Agathosune*
De corazón bueno, excelencia, virtud.

Romanos 15:14 – *"Pero estoy seguro de vosotros, hermanos míos, de que vosotros mismos estáis llenos de bondad, llenos de todo conocimiento, de tal manera que podéis amonestaros los unos a los otros."*
2 Tesalonicenses 1:11,12 – *"Por lo cual asimismo oramos siempre por vosotros, para que nuestro Dios os tenga por dignos de su llamamiento, y cumpla todo propósito de bondad y toda obra de fe con su poder, para que el nombre de nuestro Señor Jesucristo sea glorificado en vosotros, y vosotros en él, por la gracia de nuestro Dios y del Señor Jesucristo."*
Salmo 145:9 – *"Bueno es Jehová para con todos, Y sus misericordias sobre todas sus obras."*
Salmo 118:1 – *"Alabad a Jehová, porque él es bueno; Porque para siempre es su misericordia."*
Salmo 34:14 – *"Apártate del mal, y haz el bien; Busca la paz, y síguela."*
Salmo 37:3 – *"Confía en Jehová, y haz el bien; Y habitarás en la tierra, y te apacentarás de la verdad."*

LA FE – *"Pistis"*
Convicción hacia la verdad, creer, confianza

Hebreos 11:1 – *"Es, pues, la fe la certeza de lo que se espera, la convicción de lo que no se ve."*
Hebreos 11:6 – *"Pero sin fe es imposible agradar a Dios; porque es necesario que el que se acerca a Dios crea que le hay, y que es galardonador de los que le buscan."*

Fe como un grano de mostaza
Mateo 17:20 – *"Jesús les dijo: Por vuestra poca fe; porque de cierto os digo, que si tuviereis fe como un grano de mostaza, diréis a este monte: Pásate de aquí allá, y se pasará; y nada os será imposible."*
Lucas 17:6 – *"Entonces el Señor dijo: Si tuvierais fe como un grano de mostaza, podríais decir a este sicómoro: Desarráigate, y plántate en el mar; y os obedecería."*

Poca Fe
Mateo 6:30 – *"Y si la hierba del campo que hoy es, y mañana se echa en el horno, Dios la viste así, ¿no hará mucho más a vosotros, hombres de poca fe?"*
Mateo 8:26 – *"Él les dijo: ¿Por qué teméis, hombres de poca fe? Entonces, levantándose, reprendió a los vientos y al mar; y se hizo grande bonanza."*
Lucas 17:5 – *"Dijeron los apóstoles al Señor: Auméntanos la fe."*

¿Qué es la fe del grano de mostaza?
Mateo 13:31,32 – *"Otra parábola les refirió, diciendo: El reino de los cielos es semejante al grano de mostaza, que un hombre tomó y sembró en su campo; el cual a la verdad es la más pequeña de todas las semillas; pero cuando ha crecido, es la mayor de las hortalizas, y se hace árbol, de tal manera que vienen las aves del cielo y hacen nidos en sus ramas."*
Según Jesucristo, la fe que es como un grano de mostaza es la fe que crece. Quizás comenzará pequeño, pero crecerá de tal manera que otros disfrutarán de él.

¿Cómo crece nuestra fe?
Romanos 10:17 – *"Así que la fe es por el oír, y el oír, por la palabra de Dios."*

Santiago 2:14-17 – *"Hermanos míos, ¿de qué aprovechará si alguno dice que tiene fe, y no tiene obras? ¿Podrá la fe salvarle? Y si un hermano o una hermana están desnudos, y tienen necesidad del mantenimiento de cada día, y alguno de vosotros les dice: Id en paz, calentaos y saciaos, pero no les dais las cosas que son necesarias para el cuerpo, ¿de qué aprovecha? Así también la fe, si no tiene obras, es muerta en sí misma."*

Podemos concluir que la fe viene por el oír de la Palabra de Dios y crece mientras obedecemos la Palabra de Dios. Entre más obedecemos, más grande es nuestra fe.

MANSEDUMBRE – *Praotes*
dulzura, apacible, humilde.

Salmo 147:6 – *"Jehová exalta a los humildes, Y humilla a los impíos hasta la tierra."*
Mateo 23:11,12 – *"El que es el mayor de vosotros, sea vuestro siervo. Porque el que se enaltece será humillado, y el que se humilla será enaltecido."*
Santiago 4:6,10 – *"Pero él da mayor gracia. Por esto dice: Dios resiste a los soberbios, y da gracia a los humildes... Humillaos delante del Señor, y él os exaltará."*
Números 12:3 – *"Y aquel varón Moisés era muy manso, más que todos los hombres que había sobre la tierra."*
Mateo 5:5 – *"Bienaventurados los mansos, porque ellos recibirán la tierra por heredad."*
Mateo 11:29, 30 (21:5) – *"Llevad mi yugo sobre vosotros, y aprended de mí, que soy manso y humilde de corazón; y hallaréis descanso para vuestras almas; porque mi yugo es fácil, y ligera mi carga."*
1 Pedro 5:6 – *"Humillaos, pues, bajo la poderosa mano de Dios, para que él os exalte cuando fuere tiempo."*

TEMPLANZA – *Egkrateia*

Dominio propio, la virtud para controlar sus deseos, pasiones y apetitos que van en contra de la ley de Dios.

<u>2 Pedro 1:5,6</u> – *"vosotros también, poniendo toda diligencia por esto mismo, añadid a vuestra fe virtud; a la virtud, conocimiento; al conocimiento, dominio propio; al dominio propio, paciencia; a la paciencia, piedad..."*

<u>Proverbios 25:28</u> – *"Como ciudad derribada y sin muro es el hombre cuyo espíritu no tiene rienda."*

<u>2 Timoteo 3:1-3</u> – *"También debes saber esto: que en los postreros días vendrán tiempos peligrosos. Porque habrá hombres amadores de sí mismos, avaros, vanagloriosos, soberbios, blasfemos, desobedientes a los padres, ingratos, impíos, sin afecto natural, implacables, calumniadores, intemperantes, crueles, aborrecedores de lo bueno, traidores, impetuosos, infatuados, amadores de los deleites más que de Dios..."*

<u>Proverbios 16:32</u> – *"Mejor es el que tarda en airarse que el fuerte; Y el que se enseñorea de su espíritu, que el que toma una ciudad."*

Los frutos del Espíritu se reflejan en nosotros cuando dejamos que el Espíritu de Dios domine nuestra vida. Estos frutos vienen de Dios mismo ya que Dios es espíritu y el Espíritu Santo es la tercera persona de la trinidad. De esta manera, seremos como Jesús, que es nuestro llamado supremo.

Echando Raíces
"El proceso para producir fruto"

Codicia el impío la red de los malvados; Mas la raíz de los justos dará fruto.
Proverbios 12:12
Así que, yo de esta manera corro, no como a la ventura; de esta manera peleo, no como quien golpea el aire, sino que golpeo mi cuerpo, y lo pongo en servidumbre, no sea que habiendo sido heraldo para otros, yo mismo venga a ser eliminado.
1 Corintios 9:26,27

Hasta ahora hemos repasado algunas lecciones importantes sobre cómo compartir el Evangelio de Cristo Jesús efectivamente con otros y aprendimos como el Espíritu Santo nos llena para predicar el Evangelio con poder. Ahora entendemos que el Evangelio mismo "es el poder de Dios para salvación" y el Espíritu Santo está disponible para llenarnos y, por lo tanto, transformarnos en "testigos" para Cristo.

También aprendimos que el objetivo del discípulo no es sólo ser un testigo poderoso externamente, pero desarrollar el fruto del Espíritu internamente; esto le va a dar poder para ser un testigo poderoso y fructífero. En otras palabras, uno debe *ser* un testigo para poder testificar a otros efectivamente.

El Apóstol Pablo entendió la seriedad de este principio y se usó a sí mismo como un ejemplo cuando le habló a la Iglesia en Corinto diciendo: *"golpeo mi cuerpo, y lo pongo en servidumbre, no sea que, habiendo sido heraldo para otros, yo mismo venga a ser eliminado."* Note que aún aquellos que predican a otros tienen que traer su propio cuerpo bajo sujeción a la voluntad de Dios. El hecho de que podemos compartir el Evangelio de Cristo Jesús efectivamente no significa que somos testigos efectivos. El ser fructífero requiere el trabajo y la voluntad del discípulo, tanto en la parte interna como en la parte externa. Las Escrituras nos enseña claramente que la meta de cada discípulo es la de ser un testigo fructífero del evangelio de Jesucristo. Pero antes de que podamos producir fruto, tenemos que echar raíces.

La raíz precede al fruto

Nuestro verso clave revela que la raíz llega antes que el fruto– *"Más la raíz de los justos dará fruto."* Fíjate que la raíz es primera y el fruto es segundo. Esto es el orden natural y espiritual. Vamos a estudiar otros pasajes que confirman este principio:

Gálatas 6: 7, 8 – *"No os engañéis; Dios no puede ser burlado: pues todo lo que el hombre sembrare, eso también segará. Porque el que siembra para su carne, de la carne segará corrupción; mas el que siembra para el Espíritu, del Espíritu segará vida eterna."*

Sembrar es un verbo – Cuando *sembramos* llevamos a cabo ciertos *actos* o tomamos ciertas acciones. En otras palabras, nosotros *hacemos* o practicamos algo. Cuando practicamos algo que es carnal, estamos sembrando en nuestra carne y las obras de la carne se comenzarán a manifestar ellas mismas. Cuando sembramos en el espíritu, el fruto del Espíritu será manifestado en nosotros.

Echando raíces – Las raíces crecen después que comenzamos a sembrar semillas. Cuando comenzamos a practicar hábitos que son espirituales por naturaleza, entonces, las raíces espirituales muy fuertes comienzan a crecer. Entre más practicamos más nuestras raíces crecen. *El echar raíces es también una práctica en lo privado.* En otras palabras, el practicar lo que es saludable debe ser más practicado en lo privado que en público. Cuando somos tentados, somos usualmente tentados en privado. Esto es porque el enemigo utiliza el engaño del aislamiento para instigarnos a caer en el pecado. El mito de que nadie nunca va a saber lo que uno hace en privado, es atractivo a nuestra carne y aumenta la posibilidad de que pequemos. ¿Cómo debemos responder? Debemos resistir la tentación y usar esa oportunidad privada para echar buenas raíces espirituales. Cuando decimos no a la tentación, le decimos sí al crecimiento de raíces espirituales fuertes en nuestra vida. Lo que hagamos en secreto será revelado; *"Porque nada hay oculto, que no haya de ser manifestado; ni escondido, que no haya de ser conocido, y de salir a luz" (Lucas 8:17).*

Plantado en la Palabra de Dios

Raíces que producen fruto
Salmo 1:1-3 – *"Bienaventurado el varón que no anduvo en consejo de malos, Ni estuvo en camino de pecadores, Ni en silla de escarnecedores se ha sentado; Sino que en la ley de Jehová está su delicia, Y en su ley medita de día y de noche. Será como árbol plantado junto a corrientes de aguas, Que da su fruto en su Tiempo, Y su hoja no cae; Y todo lo que hace, prosperará".* Note que esos que continúan en la ley de Dios (sus seguidores) *"serán como árbol plantado junto a corrientes de agua."* La palabra plantado significa ser establecido con raíces fuertes. Ríos de agua es un simbolismo para las cosas del Espíritu de Dios. Cuando hacemos el esfuerzo de estudiar la Palabra de

Dios continuamente, estamos sembrando en las cosas del Espíritu y subsecuentemente van a crecer raíces fuertes al punto donde estaremos firmemente establecidos en las cosas del Espíritu de Dios. Cuando logramos esto, *"traeremos fruto en el tiempo adecuado, nuestra hoja no caerá y todo lo que hagamos prosperará"*. Por lo tanto, el deleitarnos en el estudio y la práctica de la palabra de Dios establecerá raíces espirituales en nuestras vidas. Repasemos cuatro beneficios del ser plantados en la Palabra de Dios de acuerdo al capítulo uno del libro de los Salmos.

Beneficios del ser plantados en la Palabra de Dios

- Estabilidad – *Y será como árbol plantado junto a corrientes de agua...*
- Ser fructífero – *que da su fruto en su tiempo...*
- Salud – *y su hoja no cae...*
- Prosperidad – *y todo lo que hace, prosperará.*

Josué 1:7-8 – *"Solamente esfuérzate y sé muy valiente, para cuidar de hacer conforme a toda la ley que mi siervo Moisés te mandó; no te apartes de ella ni a diestra ni a siniestra, para que seas prosperado en todas las cosas que emprendas. Nunca se apartará de tu boca este libro de la ley, sino que de día y de noche meditarás en él, para que guardes y hagas conforme a todo lo que en él está escrito; porque entonces harás prosperar tu camino, y todo te saldrá bien."*

Plantado en la Casa de Dios

Salmos 92: 12 al 14 – *El justo florecerá como la palmera; Crecerá como cedro en el Líbano. Plantados en la casa de Jehová, En los atrios de nuestro Dios florecerán. Aun en la vejez fructificarán; Estarán vigorosos y verdes.*

Los cristianos quienes están comprometidos a venir a la iglesia regularmente recibirán grandes beneficios espirituales. El salmista reconoció que el pasar tiempo en la casa de Dios hará que crezcan en el creyente raíces espirituales fuertes (plantado). Ellos recibirán los siguientes beneficios:

- Promoción en el Reino – *Y florecerán en los atrios de nuestro Dios*
- Longanimidad – *y fructificarán aún en la vejez*
- Vigor – *Serán fuertes y florecerán*

Salmos 84:10 – *"Porque mejor es un día en tus atrios que mil fuera de ellos. Escogería antes estar a la puerta de la casa de mi Dios, Que habitar en las moradas de maldad."*

Plantado en la oración

Mateo 6: 5,6 – *"Y cuando ores, no seas como los hipócritas; porque ellos aman el orar en pie en las sinagogas y en las esquinas de las calles, para ser vistos de los hombres; de cierto os digo que ya tienen su recompensa. Mas tú, cuando ores, entra en tu aposento, y cerrada la puerta, ora a tu Padre que está en secreto; y tu Padre que ve en lo secreto te recompensará en público."*

Cuando Jesús estaba enseñando a Sus discípulos cómo orar, Él los motivó a encontrar un lugar secreto y privado. Esto, por supuesto, promueve intimidad espiritual y evitará interrupciones (cerrar tu puerta). La diligencia en la oración privada también produce recompensa pública. Los creyentes quienes tienen un deseo sincero de desarrollar buen fruto deben poner como prioridad el esfuerzo para ser plantados en la oración:

Juan 15: 1-8 – *"Yo soy la vid verdadera, y mi Padre es el labrador. Todo pámpano que en mí no lleva fruto, lo quitará;*

y todo aquel que lleva fruto, lo limpiará, para que lleve más fruto. Ya vosotros estáis limpios por la palabra que os he hablado. Permaneced en mí, y yo en vosotros. Como el pámpano no puede llevar fruto por sí mismo, si no permanece en la vid, así tampoco vosotros, si no permanecéis en mí. Yo soy la vid, vosotros los pámpanos; el que permanece en mí, y yo en él, éste lleva mucho fruto; porque separados de mí nada podéis hacer. El que en mí no permanece, será echado fuera como pámpano, y se secará; y los recogen, y los echan en el fuego, y arden. Si permanecéis en mí, y mis palabras permanecen en vosotros, pedid todo lo que queréis, y os será hecho. En esto es glorificado mi Padre, en que llevéis mucho fruto, y seáis así mis discípulos."

El Apóstol Juan nos enseña que cuando somos plantados en oración estamos conectados a la *"vid verdadera"* la cual es Cristo Jesús. El permanecer conectado a Cristo en oración causará que el creyente comience a producir fruto. Si estamos desconectados no tendremos la habilidad de producir fruto como el Señor espera de nosotros pues Jesús dijo: *"sin mí nada podéis hacer."* Entre más conectados de la viña estamos en oración, más fuertes serán nuestras raíces. Entre más fuertes son las raíces, más fruto produciremos; y esta es la voluntad del Padre que *"demos mucho fruto"*.

Para cerrar esta lección quiero motivarle a comenzar el proceso de echar raíces inmediatamente. Las raíces fuertes no crecen de la noche a la mañana, pero no crecerán a menos que usted comience, y como dice el dicho, no hay mejor momento que el presente. Comience a pasar buen tiempo en la palabra de Dios. Haga del estudio de la escritura una disciplina regular en su vida. Tome ventaja de cada oportunidad que tenga para compartir (confraternizar) con creyentes en la casa de Dios. Conviértase en un miembro activo de su congregación sirviendo en cualquier capacidad que su tiempo y talentos le permitan. Por último, pero no menos importante, manténgase plantado en la oración. Sean sus oraciones conocidas por Dios. Establezca un tiempo regular de intimidad espiritual con su padre celestial a través del poder de la oración. Mientras usted hace estas cosas, usted producirá fruto que será agradable ante Dios y beneficial a sus hermanos y hermanas.

El Testigo como Sembrador
"Evitando el terreno no fértil"

Aquel día salió Jesús de la casa y se sentó junto al mar. Y se le juntó mucha gente; y entrando él en la barca, se sentó, y toda la gente estaba en la playa. Y les habló muchas cosas por parábolas, diciendo: He aquí, el sembrador salió a sembrar. Y mientras sembraba, parte de la semilla cayó junto al camino; y vinieron las aves y la comieron. Parte cayó en pedregales, donde no había mucha tierra; y brotó pronto, porque no tenía profundidad de tierra; pero salido el sol, se quemó; y porque no tenía raíz, se secó. Y parte cayó entre espinos; y los espinos crecieron, y la ahogaron.

Mateo 13:1-7

En la última lección aprendemos a ser discípulos que compartimos las *"Buenas Nuevas"* de Jesús con los que nos rodean, debemos comprender la urgencia de ser una persona de honestidad e integridad. Nuestro testimonio es tan importante como lo que predicamos, pues si las buenas nuevas que compartimos no han causado un cambio positivo en nosotros primero, entonces nuestro mensaje no tiene valor práctico. Por lo tanto, además de ser importante aprender a compartir el evangelio con otros, nosotros también debemos aprender a vivir el evangelio.

En la lección pasada hablamos sobre la necesidad de echar raíces. Nadie puede producir buen fruto sin haber echado buenas raíces primero. La raíz precede (viene primero) al fruto. Como un paso a la práctica, descubrimos tres maneras para el crecimiento de buenas raíces:

- ❖ Es necesario que seamos plantados en la Palabra de Dios – La Palabra de Jesucristo.
- ❖ Es necesario que seamos plantados en la casa de Dios – La Iglesia de Jesucristo
- ❖ Es necesario que seamos plantados en la oración – Comunión con Jesucristo.

Como mencioné en la lección pasada, las raíces fuertes (saludables) no crecen de un día para otro, más no crecerán en lo absoluto hasta que empecemos a poner en práctica lo que Dios nos dejó dicho en su Palabra. Al hacer esto, traeremos frutos que agraden a Dios y que beneficien a los que nos rodean.

Ahora que entendemos el concepto de *"echar a crecer raíces"*, vamos a estudiar lo que la biblia dice acerca del terreno en donde el crecimiento de las raíces se desarrolla. Escogí la parábola de *"El sembrador"* para así ilustrar este principio.

La parábola del sembrador

Nuestro versículo primordial se refiere a la parábola del sembrador, la cual fue enseñada por el Señor Jesucristo. Dentro de otras cosas, la parábola comunica el valor de sembrar semillas en un terreno bueno. Ya que hemos sido llamados a ser *"testigos fructíferos"* y ya que, para poder serlo debemos echar buenas raíces, viene a ser vitalmente importante (imprescindible), que aprendamos a desarrollar nuestro corazón y mente al grado (nivel) en que la palabra de Dios puede crecer en nosotros con mínima interrupción.

Al mirar más de cerca a la parábola del sembrador, podremos observar cinco principios básicos: (1) El *sembrador* es la persona que habla la palabra de Dios; (2) La *semilla* es la palabra de Dios;

(3) El *terreno* simboliza la gente, (su corazón y mente) que oye la palabra; (4) Hay terreno que no está fértil para la siembra; (5) Hay terreno fértil para la siembra.

Mientras estudie más adelante la parábola, mantenga presente estas cinco claves; ellas le llevarán a descubrir verdades bíblicas que le ayudarán a producir una cosecha fructífera en su vida. En esta lección estudiaremos los diferentes tipos de terrenos que Jesús menciona en esta parábola. Debe estar consciente de que los terrenos mencionados son espirituales en su naturaleza.

El terreno al lado del camino

El primer tipo de terreno que Jesús presenta es lo que yo llamo el terreno *"al lado del camino"*. La Versión Reina Valera comunica el versículo cuatro del pasaje de estudio (Mateo 13:4) en la siguiente manera: *"Y mientras sembraba, parte de la semilla cayó junto al camino; y vinieron las aves y la comieron."*

Este es el primer tipo de condición espiritual (terreno-tierra) en la cual la gente se encuentra en relación a ser receptivos a oír y recibir la Palabra de Dios. Jesús revela la interpretación de esta parte de la parábola en los versículos 18 y 19: *"Cuando alguno oye la palabra del reino y no la entiende, viene el malo, y arrebata lo que fue sembrado en su corazón. Esta es la que fue sembrada junto al camino."*

Jesús nos está enseñando cuán importante es el darnos a la tarea del entendimiento de las escrituras. No podemos ser *"testigos fructíferos"* si no podemos comprender, interpretar y percibir el significado real de la enseñanza revelada en la Santa Biblia. La escritura a seguir le animará a poner su esfuerzo en acción y adquirir entendimiento de las cosas de Dios.

Proverbios 4:7,8 – *"Sabiduría ante todo; adquiere sabiduría; Y sobre todas tus posesiones adquiere inteligencia. Engrandécela, y ella te engrandecerá; Ella te honrará, cuando tú la hayas abrazado."*

En este versículo, la palabra inteligencia significa entendimiento. Note que para tener entendimiento usted tiene que poner su esfuerzo en acción y *"adquirirlo"*. Estos versículos también dan lugar y valor al entendimiento divino y a la sabiduría divina. Esto es lo que las Escrituras enseña cuando dice: *"Y sobre todas tus posesiones. ¡Vale la pena adquirirlo, no importa el precio!"*

Colosenses 1: 9-12 – *"Por lo cual también nosotros, desde el día que lo oímos, no cesamos de orar por vosotros, y de pedir que seáis llenos del conocimiento de su voluntad en toda sabiduría e inteligencia espiritual, para que andéis como es digno del Señor, agradándole en todo, llevando fruto en toda buena obra, y creciendo en el conocimiento de Dios; fortalecidos con todo poder, conforme a la potencia de su gloria, para toda paciencia y longanimidad; con gozo dando gracias al Padre que nos hizo aptos para participar de la herencia de los santos en luz."*

Este versículo de las Escrituras revela el corazón del Apóstol Pablo en su oración por la Iglesia pidiéndole a Dios que podamos ser llenos del *"conocimiento de Su voluntad en toda sabiduría e inteligencia espiritual"*. En otras palabras, tenemos que poseer entendimiento espiritual para poder saber cuál es Su voluntad. No podemos conocer cuál es la voluntad de Dios sino entendemos la Palabra de Dios. Pablo continúa enseñando y dice que la sabiduría y el entendimiento espiritual producirán en nosotros una vida que agrade al Señor y así podemos llevar fruto en toda buena obra. ¿No es ésta nuestra meta? ¿Llegar a ser "testigos fructíferos"? Este versículo nos está enseñando una de las formas de cómo alcanzar esta meta. ¡Seremos fructíferos de acuerdo al entendimiento que obtengamos!

Trayendo este punto a su clausura, le pido que reflexione en la siguiente verdad declarada concerniente *al terreno junto al camino*. Cuando alguien tiene la Palabra sembrada en su corazón y falla en entenderla, el diablo viene y la arrebata, se roba la semilla plantada, por lo tanto, el rendimiento de la misma es improductivo. Al ser arrebatadas, estas semillas, nunca podrán dar fruto; si las semillas no producen fruto, entonces no tenemos fruto. Si no tenemos fruto, somos infructíferos (no podemos llevar fruto).

El terreno de pedregales

El segundo tipo de terreno representado en esta parábola es el terreno de pedregales. Esto revela la condición espiritual de aquellos que son duros y superficiales *(triviales)*. La Biblia nos dice que algunos escuchan la Palabra de Dios y no tienen longanimidad

(durabilidad). Al principio están bien animados y contentos por las promesas reveladas en las Escrituras, más al descubrir que se requiere un nivel de esfuerzo propio para andar en esas promesas, se caen y desfallecen faltándoles determinación, vigor y entusiasmo para caminar la distancia.

Cuatro condiciones del terreno de pedregales

Reacción inmediata – Esta reacción es positiva. Cuando la Palabra de Dios se nos imparte, debemos recibirla con gozo. Esto no niega la responsabilidad que tenemos como estudiantes de escudriñar las Escrituras por nosotros mismos, después de haber recibido sus enseñanzas para así comprobar que fue interpretada correctamente. Jesús dijo: *"éste es el que oye la palabra, y al momento la recibe con gozo."* Desafortunadamente, en este caso, el gozo le duró poco.

<u>Dureza del corazón</u> – Jesús enseñó que las semillas sembradas en estos individuos caen en piedras y rocas - pedregales. Esto revela que la condición de su corazón es dura. Es la dureza de su corazón que les impide el crecimiento de sus raíces. El autor del libro de Hebreos nos advierte sobre *"la dureza en nuestros corazones"* cuando dijo:

"Por lo cual, como dice el Espíritu Santo: Si oyereis hoy su voz, No endurezcáis vuestros corazones, Como en la provocación, en el día de la tentación en el desierto, Donde me tentaron vuestros padres; me probaron, Y vieron mis obras cuarenta años. A causa de lo cual me disgusté contra esa generación, Y dije: Siempre andan vagando en su corazón, Y no han conocido mis caminos. Por tanto, juré en mi ira: No entrarán en mi reposo. Mirad, hermanos, que no haya en ninguno de vosotros corazón malo de incredulidad para apartarse del Dios vivo; antes exhortaos los unos a los otros cada día, entre tanto que se dice: Hoy; para que ninguno de vosotros se endurezca por el engaño del pecado" (Hebreos 3:7-13).

<u>Superficial o trivial</u> – La tercera condición presentada en el terreno pedregal es la superficialidad o trivialidad. Esta es la condición del corazón o de la mente que no desea profundizar o perseverar. En esta parábola, Jesús nos enseña que los que sufren de esta condición no tienen raíz alguna y su durabilidad muy corta. Esta condición la podemos ver en los infantes espirituales: creyentes que son espiritualmente inmaduros por ser nuevos convertidos, o porque no ponen de sus esfuerzos para crecer in la gracia y en conocimiento de nuestro Señor

Jesucristo (2 Pedro 3:18). El Apóstol Pablo menciona este particular a la Iglesia en Éfeso cuando les escribe y dice: *"para que ya no seamos niños fluctuantes, llevados por doquiera de todo viento de doctrina, por estratagema de hombres que para engañar emplean con astucia las artimañas del error, sino que, siguiendo la verdad en amor, crezcamos en todo en aquel que es la cabeza, esto es, Cristo" (Efesios 4:14,15).*

Retroceso o descarriarse – La condición final presentada aquí en los pedregales es lo que algunos maestros de la Biblia llaman "descarriarse". El descarriarse es cuando alguien que después de haber confesado a Jesús y ser un/una creyente, decide dar su espalda al Señor Jesús y a la Iglesia. También se conoce como "salirse del camino". En esta parábola, Jesús nos enseña que aquellos que tienen su corazón y mente en una condición de terreno pedregoso, no tienen capacidad de vencer la dificultad, el problema y la persecución que viene a su vida como creyentes que creen en la Palabra de Dios. Estas personas no tienen ningún concepto de lo que es "guerra espiritual" o lo que es sufrir por la causa de Cristo. Por lo tanto, cuando el problema se levanta por causa de la Palabra, ellos *"se salen del camino"*. Otra palabra la cual es sinónima para "apartarse de Dios" es apostasía. Esto es cuando los creyentes son, en alguna manera, engañados o *alejados* de su fe en Cristo Jesús. Repase las siguientes escrituras las cuales advierten a todos los creyentes a pelear en contra del espíritu de apostasía lo cual está presente en el mundo de hoy:

1 Timoteo 1:18, 19 – *"Este mandamiento, hijo Timoteo, te encargo, para que conforme a las profecías que se hicieron antes en cuanto a ti, milites por ellas la buena milicia, manteniendo la fe y buena conciencia, desechando la cual naufragaron en cuanto a la fe algunos."*

1 Timoteo 4:1,2 – *"Pero el Espíritu dice claramente que en los postreros tiempos algunos apostatarán de la fe, escuchando a espíritus engañadores y a doctrinas de demonios; por la hipocresía de mentirosos que, teniendo cauterizada la conciencia."*

2 Pedro 3:17 – *"Así que vosotros, oh amados, sabiéndolo de antemano, guardaos, no sea que arrastrados por el error de los inicuos, caigáis de vuestra firmeza."*

La tierra con espinos

La tercera condición espiritual representada en esta parábola es la tierra con espinos. Jesús dice; *"El que recibe la semilla que cayó entre los espinos es el hombre quien oye la palabra, pero los afanes de su vida y el engaño de la riqueza la ahogaron, causando que no diera fruto"* (v.22). Este tipo de terreno tiene tres condiciones las cuales hacen que la semilla no sea fructífera, lo cual se encuentra en el evangelio según San Lucas.

Los afanes de la vida – La primera condición del terreno pedregoso la cual ahoga la Palabra de Dios y causa que no sea fructífera es la mente y el corazón los cuales son adictos al afán. Las personas quienes usualmente se preocupan sufren de ansiedad, estrés mental, y usualmente están preocupadas con cosas de las cuales no tienen control. Este tipo de condición, como en el caso de otras condiciones, afectan no solamente la espiritualidad del creyente, pero, también la salud de él/ella. Considere las siguientes escrituras bíblicas:

Mateo 6:25 – *"Por tanto os digo: No os afanéis por vuestra vida, qué habéis de comer o qué habéis de beber; ni por vuestro cuerpo, qué habéis de vestir. ¿No es la vida más que el alimento, y el cuerpo más que el vestido?"*

<u>Lucas 10:40, 41</u> – *"Pero Marta se preocupaba con muchos quehaceres, y acercándose, dijo: Señor, ¿no te da cuidado que mi hermana me deje servir sola? Dile, pues, que me ayude. Respondiendo Jesús, le dijo: Marta, Marta, afanada y turbada estás con muchas cosas."*

<u>Filipenses 4:6, 7</u> – *"Por nada estéis afanosos, sino sean conocidas vuestras peticiones delante de Dios en toda oración y ruego, con acción de gracias. Y la paz de Dios, que sobrepasa todo entendimiento, guardará vuestros corazones y vuestros pensamientos en Cristo Jesús."*

De estas escrituras aprendemos que el preocuparse acerca de cosas en la vida nos hará perder el tiempo. Dios ha prometido satisfacer todas nuestras necesidades. Todo lo que tenemos que hacer es ir al Señor en oración, dándole a Él nuestras cargas y preocupaciones y la paz de Dios calmará nuestro corazón y mente.

<u>El engaño de las riquezas</u> – La segunda condición del terreno de espinos nos advierte acerca de una relación con el dinero que no es adecuada. Esta es una de las cosas de las cuales muchos individuos se preocupan mucho porque la falta puede ser que pueda afectar no sólo sus estilos de vida sino, el estilo de vida de sus seres amados. El dinero tiene el potencial de engañar. La mayoría de las personas piensan que, si tan solo tienen más dinero, todos sus problemas van a desaparecer. Esto, por supuesto, no es cierto. El hecho de que tengamos más dinero sólo multiplicará nuestras fortalezas y debilidades. Una vez escuché a un predicador compartiendo con su audiencia que muchos de los ganadores de la lotería a través de la nación normalmente pierden todo lo que ganan y en algunos casos se encuentran peor que antes de que ganara su número de lotería. Debemos saber que las riquezas pueden ser engañadoras y

debemos aprender a desarrollar una perspectiva propia cuando se trata de dinero. Esto fue precisamente lo que el Apóstol Pablo le advirtió a su hijo espiritual Timoteo. Leamos algunos de sus declaraciones:

<u>1 Timoteo 6:3-10</u> – *"Si alguno enseña otra cosa, y no se conforma a las sanas palabras de nuestro Señor Jesucristo, y a la doctrina que es conforme a la piedad, está envanecido, nada sabe, y delira acerca de cuestiones y contiendas de palabras, de las cuales nacen envidias, pleitos, blasfemias, malas sospechas, disputas necias de hombres corruptos de entendimiento y privados de la verdad, que toman la piedad como fuente de ganancia; apártate de los tales. Pero gran ganancia es la piedad acompañada de contentamiento; porque nada hemos traído a este mundo, y sin duda nada podremos sacar. Así que, teniendo sustento y abrigo, estemos contentos con esto. Porque los que quieren enriquecerse caen en tentación y lazo, y en muchas codicias necias y dañosas, que hunden a los hombres en destrucción y perdición; porque raíz de todos los males es el amor al dinero, el cual codiciando algunos, se extraviaron de la fe, y fueron traspasados de muchos dolores."*

Note los siguientes puntos que se han tomado de este verso:
A algunas personas han malinterpretado verdad y piensan que la piedad es medio para la ganancia financiera. Esto denota las intenciones de la gente.
El contentamiento es una gran ganancia. Nosotros no hemos traído nada a este mundo y no podremos sacar nada de él. Por lo tanto, debemos aprender a estar contentos con lo esencial.
Las personas que quieren llegar a ser ricas caen en tentación y quedan atrapadas dentro de muchos deseos tontos y

perjudiciales los cuales llevan a la destrucción. La codicia hasta le ha llevado a la gente a alejarse de su fe en Cristo.

El amor al dinero es la raíz de todos los tipos de cosas diabólicas. Esto significa que el amar el dinero causará que las fortalezas diabólicas esclavicen las mentes y los corazones de aquellos que han sido engañados por este.

Los placeres del mundo – Esta condición no se menciona en el libro de Mateo, pero, el Doctor Lucas registra esta parte del mensaje del Señor en el capítulo ocho de su evangelio. El ir tras los placeres del mundo es la condición final, presente en aquellos quienes caen dentro de la categoría del terreno con espinos. Estos placeres son los deseos y lascivias que van en contra de la naturaleza santa de Dios y

violan Su Palabra. Estos atraen a nuestra naturaleza humana (carnal) debido al pecado. Si somos seducidos por la atracción de la lascivia abriremos una puerta a las cosas las cuales causan una sed difícil de satisfacer. Estos placeres temporeros van a hogar el progreso de los frutos en la vida del creyente y causarán un estanque drástico en su crecimiento espiritual. El Apóstol Pedro nos advierte acerca de estas cosas: *"Y mayormente a aquellos que, siguiendo la carne, andan en concupiscencia e inmundicia, y desprecian el señorío. Atrevidos y contumaces, no temen decir mal de las potestades superiores, mientras que los ángeles, que son mayores en fuerza y en potencia, no pronuncian juicio de maldición contra ellas delante del Señor. Pero éstos, hablando mal de cosas que no entienden, como animales irracionales, nacidos para presa y destrucción, perecerán en su propia perdición, recibiendo el galardón e su injusticia, ya que tienen por delicia el gozar de deleites cada día. Estos son inmundicias y manchas, quienes aún mientras comen con vosotros, se recrean en sus errores. Tienen los ojos llenos de adulterio, no se sacian de pecar, seducen a las almas inconstantes, tienen el corazón habituado a la codicia, y son hijos de maldición" (2 Pedro 2:10-14).*

A la luz de estas cosas, escapemos de los deseos de nuestra carne los cuales atraen los placeres de este mundo y busquemos la santidad y rectitud que producirá una cosecha y frutos los cuales a la vez traerán placer a nuestro Dios.

Un Sembrador Productivo
"Plantando en terreno fértil"

Pero parte cayó en buena tierra, y dio fruto, cuál a ciento, cuál a sesenta, y cuál a treinta por uno. El que tiene oídos para oír, oiga.

Mateo 13: 8, 9

Durante la lección pasada estudiamos las características de un terreno no fértil. Aprendimos que algunas personas al oír la Palabra de Dios no experimentan resultados positivos porque carecen de entendimiento (*la semilla que cayó "junto al camino"*). Otros carecen de ánimo y de determinación espiritual (*los pedregales*) para perseverar y se salen del camino (*se descarrían*). Y algunos caen como presas de los afanes de esta vida y del engaño de las riquezas y de los placeres del pecado (*los espinos*). Todas estas condiciones son las que caracterizan al "*terreno no-fértil*" y debemos esforzarnos por proteger nuestro corazón y mente, y huir de estas cosas para evitar que la Palabra caiga en terreno no-fértil y resulte infructífera en nuestra vida.

Antes de estudiar las características de un "terreno fértil", toma tiempo para leer la parábola del sembrador una vez más y repasa conmigo los cinco principios básicos de esta parábola:

- ❖ El *sembrador* es la persona que habla la palabra de Dios.
- ❖ La *semilla* es la palabra de Dios.
- ❖ El *terreno* simboliza la gente (su corazón y mente) que oye la palabra de Dios.
- ❖ Hay terreno *no fértil* para la siembra.
- ❖ Hay *terreno fértil* para la siembra.

Terreno fértil

La condición final mencionada en esta parábola del sembrador es "el terreno fértil". Este es el requerimiento para cada discípulo y es el único terreno que produce fruto santo (de piedad y justicia). Jesús fue claro cuando dijo: *"Más el que fue sembrado en buena tierra, éste es el que oye y entiende la palabra, y da fruto; y produce a ciento, a sesenta, y a treinta por uno."*
La declaración de Jesús revela los tres niveles de productividad que existen cuando la condición espiritual del creyente es saludable. El poseer un terreno fértil es cuando la mente y el corazón desarrollan un nivel donde pone atención precisa a la Palabra enseñada (oír) y pone todo su esfuerzo para entender el mensaje bíblico, y pone en práctica los principios y mandamientos escritos en la misma. Al hacer esto, usted puede comenzar a producir un fruto santo (saludable) en tres niveles: treinta, sesenta y al ciento por uno.

¿Cómo incrementamos el fruto productivo?

Tres factores de la productividad
La primera a considerar cuando deseamos crecer en nuestro nivel de productividad como testigos fructíferos es el porcentaje de nuestro compromiso de nuestro tiempo, nuestro compromiso al desarrollo de nuestros talentos, y el grado de inversión (tesoro) que estamos dispuestos a entregar, o rendir para nuestra realización o triunfo.

Tiempo – El primer factor que determina el grado de los resultados de la productividad de su fruto es "el factor tiempo". El tiempo es la duración o período que consumes haciendo alguna cosa. Una vez que inviertes un tiempo, no vuelves a tenerlo. La escritura que sigue le ayudará a maximizar el tiempo posible que Dios le ha dado:

<u>Eclesiastés 3:1-8</u> – *"Todo tiene su tiempo, y todo lo que se quiere debajo del cielo tiene su hora. Tiempo de nacer, y tiempo de morir;*
tiempo de plantar, y tiempo de arrancar lo plantado; tiempo de matar, y tiempo de curar; tiempo de destruir, y tiempo de edificar; tiempo de llorar, y tiempo de reír; tiempo de endechar, y tiempo de bailar; tiempo de esparcir piedras, y tiempo de juntar piedras; tiempo de abrazar, y tiempo de abstenerse de abrazar; tiempo de buscar, y tiempo de perder; tiempo de guardar, y tiempo de desechar; tiempo de romper, y tiempo de coser; tiempo de callar, y tiempo de hablar; tiempo de amar, y tiempo de aborrecer; tiempo de guerra, y tiempo de paz."

<u>Efesios 5: 15, 16</u> – *"Mirad, pues, con diligencia cómo andéis, no como necios sino como sabios, aprovechando bien el tiempo, porque los días son malos."*
Estos versículos de la Escritura dicen mucho acerca del tiempo. El punto clave es que hay tiempo para todo y necesitamos aprender a redimirlo. Cuando la Biblia dice *"todo tiene su tiempo"* Dios quiere que veamos el valor que tiene el orden y la organización. Una vez que aprendemos a ser buenos mayordomos de nuestro tiempo, somos fructuosos en la causa de Cristo y nuestro fruto se aumenta.
Redimir el tiempo es hacer buen uso del mismo en cada oportunidad que tenga. No tome nada a la ligera. Nada es para siempre, sólo la eternidad. Nunca podrá tener de vuelta su ayer. Sólo viva el presente; sólo viva una vez. El tiempo se va corriendo, así que ¡Redímalo!

Talento – El segundo factor es algo que varía según la soberanía de Dios. La Biblia dice claramente que Dios es el que distribuye (reparte) los talentos. Un talento es una habilidad dada por Dios. Una de las escrituras que mayormente describe mejor los principios que rodean los dones y talentos es la *Parábola de los talentos*. Tome un minuto para leer a Mateo 25:14-30 y luego repase lo siguiente:

Dios da talento de acuerdo a nuestra habilidad – En esta parábola Dios claramente distribuye los talentos de acuerdo a las habilidades que cada hombre poseía. Esto nos enseña a vivir con las habilidades que Dios nos ha dado. No hay necesidad de codiciar las habilidades
de otro discípulo cuando tú sabes que Dios mismo es quién nos ha dado lo que tenemos de acuerdo a nuestras habilidades para Sus propósitos.

Dios espera que multipliquemos nuestro(s) talento(s) – El principio que sigue extraído de esta parábola es el factor de que Dios espera de Sus siervos que multipliquen los talentos que Él les ha dado. Dos de los siervos fueron fieles en su asignación, pero uno de ellos fue infiel y enterró su talento. Es clara la aplicación práctica de este principio. Dios nos ordena a ser productivos con los talentos y habilidades que Él nos ha dado. Note que el siervo a quien se le confiaron cinco (5) talentos, produjo cinco más para su señor. El siervo a quien se le confiaron dos (2) talentos, produjo dos talentos más para su señor. Mas el tercer siervo, el infiel, produjo cero, nada. Mientras más tengas, más se espera de ti. A quien mucho se le da, mucho se le demandará. Aún a aquellos que tienen poco (sólo un talento) deben multiplicar aquello que se les entregó.

Dios regresara para llamarnos a cuentas – Este punto final es uno de soberanía. El Señor retornó para examinar su trabajo. Es muy interesante ver que la Biblia dice que después de un largo tiempo el Señor regresa para llamarlos a cuentas. En la misma manera el Señor Jesús regresará para pedirnos cuentas, a nosotros sus siervos. Debemos de mantener esto en mente, porque, aunque el Maestro tarde, no quiere decir que Él no cumplirá Su Palabra de regresar otra vez. ¡Él vuelve, y con Él, Su galardón! Esto debe motivar a cada persona que se considere ser un siervo, o una sierva de Dios a renovar su compromiso de cumplir con el destino que Dios tiene para su vida. Manténgase trabajando y ocupado en el llamado que Dios le hizo hasta que Él venga. Evite a toda costa la actitud ociosa, la cual, a veces vemos en algunos(as) siervos(as) de Dios. Tampoco pase mucho tiempo con ellos(as). La mala compañía corrompe las buenas costumbres, porque lo malo es contagioso y se pega. Si tiene que pasar tiempo con ellos, no retenga nada de su mala influencia.

Tesoro – El factor final para determinar su nivel de productividad es su *tesoro*. Para ponerlo más simple, ¡*su dinero!* Todos los que trabajan
para el Señor tienen que invertir en algún tiempo algo de su tesoro (finanzas) en la causa de Cristo. Según el nivel de su disposición para comprometerse a invertir en la productividad de su fruto, será el nivel del porcentaje de crecimiento en su productividad. El invertir es absolutamente esencial. Considere las siguientes escrituras:

2 Corintios 9: 6-10 – *"Pero esto digo: El que siembra escasamente, también segará escasamente; y el que siembra generosamente, generosamente también segará. Cada uno dé como propuso en su corazón: no con tristeza, ni por necesidad, porque Dios ama al dador alegre. Y poderoso es Dios para*

hacer que abunde en vosotros toda gracia, a fin de que, teniendo siempre en todas las cosas todo lo suficiente, abundéis para toda buena obra; como está escrito: Repartió, dio a los pobres; Su justicia permanece para siempre. Y el que da semilla al que siembra, y pan al que come, proveerá y multiplicará vuestra sementera, y aumentará los frutos de vuestra justicia."

<u>Lucas 6:38</u> – *"Dad, y se os dará; medida buena, apretada, remecida y rebosando darán en vuestro regazo; porque con la misma medida con que medís, os volverán a medir."*

Estos tres factores son los componentes en cada una de las cuatro (4) funciones que estamos a punto de estudiar próximamente. La productividad está directamente relacionada con el nivel en que la misma se aplique.

Cuatro funciones de la productividad

Finalmente, lo que determina el nivel de productividad que alcanzamos se encuentra en las funciones básicas de un granjero. Sin entrar en detalles, déjame exponer cuatro funciones básicas que pueden determinar el grado de productividad en el creyente.

<u>*Labrar la tierra*</u> – Lo primero que tenemos que hacer para maximizar nuestra productividad es labrar la tierra. Cuando el granjero labra la tierra, revuelca el suelo del terreno para poder exponer y sacar los impedimentos que hay en el mismo (piedras, espinos, abrojos, raíces viejas). En el orden de las cosas espirituales, labramos nuestro terreno permitiéndole al Espíritu Santo, a través de la oración, que traiga convicción a nuestra mente y corazón de aquellas cosas que desagradan a Dios. Si con honestidad y transparencia nos abrimos a Él en

oración y cuando estudiamos la Palabra de Dios, Él convencerá nuestros corazones y mentes, y revelará las cosas que tenemos que echar a un lado. El tiempo invertido haciendo esto (tiempo y tesoro), y mientras más talentosos somos ejerciendo el talento, determinará el nivel de productividad que alcancemos.

Sembrar las semillas – Sembrar semillas en esta parábola representa la transmisión de la Palabra de Dios a través de la predicación y/o enseñanza. El nivel de dedicación que tomemos practicando esto (tiempo y tesoro), y mientras más talentosos seamos al hacerlo, determina el nivel de productividad que alcancemos.

Cultivar la planta – El cultivo es el cuidado que tomamos para alimentar y ayudar a crecer nuestra planta. La gente que toma gran cuidado en proteger la planta, alimentándola y supervisando su desarrollo, éste, obtendrá una cosecha mayor.

Recoger el fruto (cosechar) – Cosechar tiene que ver con nuestra habilidad de conservar el fruto. Después de haber pasado por todo el trabajo que requiere labrar el terreno, sembrar la semilla, y cultivar la planta, tenemos que demostrar gran diligencia y dedicación en conservar el fruto que ya ha sido cosechado.

En mi opinión, estos son los factores que determinan el grado, el nivel de productividad que vas a alcanzar. Algunos disfrutarán de un treinta por ciento, otros de un sesenta (60), y otros cosecharán el ciento (100) por uno de sus frutos. Así como dijo Jesús: *"¡el que tiene oídos para oír, que oiga!"*

Pasión por las Almas
"El corazón de evangelismo"

Recorría Jesús todas las ciudades y aldeas, enseñando en las sinagogas de ellos, y predicando el evangelio del reino, y sanando toda enfermedad y toda dolencia en el pueblo. Y al ver las multitudes, tuvo compasión de ellas; porque estaban desamparadas y dispersas como ovejas que no tienen pastor. Entonces dijo a sus discípulos: A la verdad la mies es mucha, más los obreros pocos. Rogad, pues, al Señor de la mies, que envíe obreros a su mies

Mateo 9:35-38

Aunque hemos estado aprendiendo varios principios claves para el evangelismo efectivo; la información sin la pasión puede llevar a la procrastinación y hasta el estanque. La pasión es esencial y debe arder en su corazón para poder ser un ganador de almas efectivo. La pasión es un deseo intenso. El tener pasión por los perdidos es tener un deseo intenso de verles salvos. Aquellos quienes no tienen pasión por los perdidos siempre encontrarán una excusa para no hablar y testificar del Evangelio; siempre encontrarán cosas más importantes que hacer y hasta encontrarán razones teológicas del por qué no deberíamos de malgastar nuestro tiempo y recursos en ciertos esfuerzos de evangelismo. Estos son aquellos quienes no han permitido que la información del evangelismo penetre en su corazón, de otro modo, las personas con pasión siempre están buscando una oportunidad de compartir su fe con otros y el precio no les parece nunca muy alto.

Desarrollando pasión por el perdido

<u>Conocer el corazón de Dios</u>
El recuento de Mateo (texto central) de la "compasión" que Jesús tenía por las multitudes perdidas revela la urgencia y la gran necesidad por la salud espiritual entre lo humanos. Se ha preguntado usted mismo alguna vez, ¿cuál es el corazón de Dios? Ha tratado alguna vez de entender, ¿cuáles son las cosas que Dios desea? ¿Ha pensado alguna vez en lograr algo que le agradará a Dios? ¿Sabe usted cuál es el *deseo* más grande de Dios para la raza humana? Como seguidores de Jesucristo deberíamos saber lo que Dios desea y deberíamos poseer la voluntad de ser colaboradores para lograrlo. Este es nuestro privilegio más grande. El participar en el logro del plan eternal de Dios para la raza humana:

<u>2 Pedro 3:9</u> – *"El Señor no retarda su promesa, según algunos la tienen por tardanza, sino que es paciente para con nosotros, no queriendo que ninguno perezca, sino que todos procedan al arrepentimiento."*

<u>Ezequiel 33:10,11</u> – *"Tú, pues, hijo de hombre, di a la casa de Israel: Vosotros habéis hablado así, diciendo: Nuestras rebeliones y nuestros pecados están sobre nosotros, y a causa de ellos somos consumidos; ¿cómo, pues, viviremos? Diles: Vivo yo, dice Jehová el Señor, que no quiero la muerte del impío, sino que se vuelva el impío de su camino, y que viva. Volveos, volveos de vuestros malos caminos; ¿por qué moriréis, oh casa de Israel?"*

<u>Hebreos 2:9,10</u> – *"Pero vemos a aquel que fue hecho un poco menor que los ángeles, a Jesús, coronado de gloria y de honra, a causa del padecimiento de la muerte, para que por la gracia*

de Dios gustase la muerte por todos. Porque convenía a aquel por cuya causa son todas las cosas, y por quien todas las cosas subsisten, que, habiendo de llevar muchos hijos a la gloria, perfeccionase por aflicciones al autor de la salvación de ellos."

Apocalipsis 7:9-17 – *"Después de esto miré, y he aquí una gran multitud, la cual nadie podía contar, de todas naciones y tribus y pueblos y lenguas, que estaban delante del trono y en la presencia del Cordero, vestidos de ropas blancas, y con palmas en las manos; y clamaban a gran voz, diciendo: La salvación pertenece a nuestro Dios que está sentado en el trono, y al Cordero. Y todos los ángeles estaban en pie alrededor del trono, y de los ancianos y de los cuatro seres vivientes; y se postraron sobre sus rostros delante del trono, y adoraron a Dios, diciendo: Amén. La bendición y la gloria y la sabiduría y la acción de gracias y la honra y el poder y la fortaleza, sean a nuestro Dios por los siglos de los siglos. Amén. Entonces uno de los ancianos habló, diciéndome: Estos que están vestidos de ropas blancas, ¿quiénes son, y de dónde han venido? Yo le dije: Señor, tú lo sabes. Y él me dijo: Estos son los que han salido de la gran tribulación, y han lavado sus ropas, y las han emblanquecido en la sangre del Cordero. Por esto están delante del trono de Dios, y le sirven día y noche en su templo; y el que está sentado sobre el trono extenderá su tabernáculo sobre ellos. Ya no tendrán hambre ni sed, y el sol no caerá más sobre ellos, ni calor alguno; porque el Cordero que está en medio del trono los pastoreará, y los guiará a fuentes de aguas de vida; y Dios enjugará toda lágrima de los ojos de ellos."*

Entender la realidad de la eternidad

La pasión que Jesús poseía por los perdidos era tan grande que Él se tornó hacia sus discípulos y les pidió que orasen y *"le*

pidieran al Señor de la mies, por lo tanto, que enviara trabajadores para la cosecha del campo". Fue esta misma pasión por los perdidos lo que movió a Jesús a dar su vida en sacrificio en la Cruz del Calvario, sabiendo que una vez la penalidad por los pecados del ser humano fuese pagada, multitudes de personas iban a tener acceso al cuidado amoroso de nuestro Padre celestial. Esto es confirmado a través
del autor del libro de los Hebreos cuando escribió: *"Por lo tanto, nosotros también, teniendo en derredor nuestro tan grande nube de testigos, despojémonos de todo peso y del pecado que nos asedia, y corramos con paciencia la carrera que tenemos por delante, puestos los ojos en Jesús, el autor y consumador de la fe, el cual por el gozo puesto delante de él sufrió la cruz, menospreciando el oprobio, y se sentó a la diestra de trono de Dios"* (Hebreos 12:1, 2).

La misma compasión por los perdidos que habita en Jesús, quien es la cabeza de la Iglesia, debe habitar su Iglesia, la cual es Su cuerpo. De acuerdo a la Biblia, el evangelismo es urgente porque la gente sólo tiene una vida para vivir y debe rendirse a la soberanía de Cristo Jesús aquí en la tierra para poder compartir de la armonía eternal con Dios en el paraíso. Aquellos que crean serán salvos, pero, aquellos que desprecien a Jesús como Señor y Salvador estarán sujetos al juicio y la condenación eterna. Esta realidad de la eternidad debería hincar el corazón de cada discípulo y causar que así deseemos poseer un gran deseo de compartir la verdad del Evangelio con otros en cada momento que surja una oportunidad:

Hebreos 9:27 – *"Y de la manera que está establecido para los hombres que mueran una sola vez, y después de esto el juicio."*

Lucas 16:22-24 – *"Aconteció que murió el mendigo, y fue llevado por los ángeles al seno de Abraham; y murió también el rico, y fue sepultado. Y en el Hades alzó sus ojos, estando en tormentos, y vio de lejos a Abraham, y a Lázaro en su seno. Entonces él, dando voces, dijo: Padre Abraham, ten misericordia de mí, y envía a Lázaro para que moje la punta de su dedo en agua, y refresque mi lengua; porque estoy atormentado en esta llama."*

Mateo 23:29-33 – *"¡Ay de vosotros, escribas y fariseos, hipócritas! porque edificáis los sepulcros de los profetas, y adornáis los monumentos de los justos, y decís: Si hubiésemos vivido en los días de nuestros padres, no hubiéramos sido sus cómplices en la sangre de los profetas. Así que dais testimonio contra vosotros mismos, de que sois hijos de aquellos que mataron a los profetas. ¡Vosotros también*
llenad la medida de vuestros padres! ¡Serpientes, generación de víboras! ¿Cómo escaparéis de la condenación del infierno?"

El texto enseña que tener religión no nos garantiza la salvación: Mateo 25:30 – *"Y al siervo inútil echadle en las tinieblas de afuera; allí será el lloro y el crujir de dientes."*

Apocalipsis 20:11-15 – *"Y vi un gran trono blanco y al que estaba sentado en él, de delante del cual huyeron la tierra y el cielo, y ningún lugar se encontró para ellos. Y vi a los muertos, grandes y pequeños, de pie ante Dios; y los libros fueron abiertos, y otro libro fue abierto, el cual es el libro de la vida; y fueron juzgados los muertos por las cosas que estaban escritas en los libros, según sus obras. Y el mar entregó los muertos que había en él; y la muerte y el Hades entregaron los muertos que había en ellos; y fueron juzgados cada uno según sus obras. Y la muerte y el Hades fueron lanzados al lago de fuego. Esta es la muerte segunda. Y el que no se halló inscrito en el libro de la vida fue lanzado al lago de fuego."*

Apocalipsis 21:6-8 – *"Y me dijo: Hecho está. Yo soy el Alfa y la Omega, el principio y el fin. Al que tuviere sed, yo le daré gratuitamente de la fuente del agua de la vida. El que venciere heredará todas las cosas, y yo seré su Dios, y él será mi hijo. Pero los cobardes e incrédulos, los abominables y homicidas, los fornicarios y hechiceros, los idólatras y todos los mentirosos tendrán su parte en el lago que arde con fuego y azufre, que es la muerte segunda."*

Una vez tenemos un entendimiento claro de la realidad de la eternidad y cuán importante ésta es, y una vez nos demos cuenta que mucha gente muere diariamente sin tener sus nombres escritos en el Libro de la Vida, por lo tanto, nosotros entenderemos, que estos individuos serán condenados por toda la eternidad para sufrir condenación en el infierno. Esta realidad debe hincar nuestros corazones con compasión por los que no son creyentes, estaremos disponibles para compartir las Buenas Nuevas de Cristo Jesús cada vez que Dios lo permita.

Evitar los Peligros del Prejuicio

El prejuicio puede matar su pasión por las almas. El prejuicio es formar una opinión acerca de alguien sin tener todo el conocimiento adecuado. El prejuicio se presta a dañar los derechos de los demás. Repasemos la historia del profeta Jonás para así poder estudiar los efectos que tiene el prejuicio en las personas.

<u>El libro de Jonás</u>
- ❖ Jonás recibe el mandato del Señor y es desobediente (1)
- ❖ Jonás recibe el mandato del Señor por una segunda vez y esta vez él es obediente (3:2,3).

- Jonás predica en la ciudad de Nínive y los ninivitas creen en la Palabra de Dios, arrepintiéndose de sus pecados, orando y ayunando. Dios vio que ellos se arrepintieron y detuvo su juicio en contra de ellos (3:5-10).
- Jonás estaba enojado por la decisión de Dios. Él no quería que Jesús tuviera misericordia de los ninivitas. Él sabía que Dios haría esto si el predicaba (4:1-4).

Lucas 15:25-28 – *"Y su hijo mayor estaba en el campo; y cuando vino, y llegó cerca de la casa, oyó la música y las danzas; y llamando a uno de los criados, le preguntó qué era aquello. Él le dijo: Tu hermano ha venido; y tu padre ha hecho matar el becerro gordo, por haberle recibido bueno y sano. Entonces se enojó, y no quería entrar. Salió por tanto su padre, y le rogaba que entrase."*

El hermano mayor del hijo pródigo estaba enojado con su padre por la fiesta que le hizo a su hermano menor después de todo lo que había hecho para deshonrar la familia. En su opinión, la celebración por el regreso del hijo pródigo al hogar no tenía mérito. Él se indignó y juzgó la situación incorrectamente. De acuerdo al texto, él nunca se unió a la celebración. Su enojo le produjo prejuicio y se quedó fuera desaprobando su desapruebo.

Mateo 20:8-15 – *"Y cuando fue la tarde del día, el señor de la viña dijo a su mayordomo: Llama a los obreros y págales el jornal, comenzando desde los postreros hasta los primeros. Y viniendo los que habían ido cerca de la hora undécima, recibieron cada uno un denario. Y viniendo también los primeros, pensaron que habían de recibir más; pero también ellos recibieron cada uno un denario. Y tomándolo, murmuraban contra el padre de la familia, Diciendo: Estos postreros sólo han trabajado una hora, y los has hecho iguales a nosotros, que hemos llevado la carga y el calor del día. Y él respondiendo, dijo a uno de ellos: Amigo, no te hago agravio; ¿no te concertaste conmigo por un denario? Toma lo que es tuyo, y vete; mas quiero dar a este postrero, como a ti. ¿No me es lícito a mí hacer lo que quiero con lo mío? o ¿es malo tu ojo, porque yo soy bueno?"*

En esta parábola los labradores que trabajaron todo el día en los campos pensaban que los trabajadores que comenzaron a trabajar en la última hora del día no deberían recibir el mismo pago ya que los labradores que entraron último habían trabajado menos tiempo. Esto fue una declaración de prejuicio ya que antes de comenzaran a trabajar, ellos acordaron con el dueño de la viña el pago del día y recibieron exactamente la cantidad acordada. En este caso el celo los llevo a tomar prejuicio.

En abril 15 del 1912 el Barco Británico llamado "El Titánico" se hundió en el Océano Atlántico rumbo a los Estados Unidos de Norte América. Aproximadamente 1500 personas perdieron su vida. Algunas de estas personas pudieron haberse salvado, pero muchos de los botes y salva vidas fueron embarcados a media capacidad y no regresaron a buscar más pasajeros que estaban muriendo en las aguas heladas. La parte más trágica de esta historia es que en los botes y salva vidas había espacio para llevar a más personas a salvo, pero muchos de los ya salvados no querían regresar al lugar de la tragedia para rescatar a más personas; posiblemente temían por su propia vida.

La iglesia hoy en día está en una situación similar. Tenemos un mensaje transformador de vidas que Dios mismo nos ha confiado. Más de 142,000.00 personas mueren literalmente cada 24 horas. Miles de almas están ahogándose en el pecado y en la desesperación todos los días y nosotros tenemos la responsabilidad y la oportunidad de compartir el mensaje del

Evangelio de Salvación para que sean salvas. Imagínate por un minuto que estás en un bote salva vidas (a salvo) y oyes los gritos de miles de personas que claman: *"¡Ayúdenme!¡Ayúdenme! ¡Sálvenme!"* ¿Cómo respondería? ¿Qué respondería? Es mi oración que viva el resto de su vida oyendo la voz del Espíritu de Dios llamando con urgencia su corazón diciendo: *"¡Ámalos y sálvalos! ¡Comparte mi Evangelio con ellos! ¡Ellos están muriendo y todavía hay lugar para ellos!"*

Pescadores de Hombres
"Métodos básicos para el evangelismo"

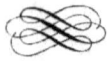

Andando Jesús junto al mar de Galilea, vio a dos hermanos, Simón, llamado Pedro, y Andrés su hermano, que echaban la red en el mar; porque eran pescadores. Y les dijo: Venid en pos de mí, y os haré pescadores de hombres. Ellos entonces, dejando al instante las redes, le siguieron.
Mateo 4:18-20

Jesús comparó el evangelismo con pescar cuando dijo a sus discípulos: *"Venid en pos de mí, y os haré pescadores de hombres."* Algunas de las características necesarias para capturar peces, también son necesarias para evangelizar.

En esta lección compararemos el pescar con el evangelismo y descubriremos algunos métodos básicos para ganar almas para Cristo.

Desde el principio del cristianismo *el pescado a simbolizado el cristiano*. En el versículo central de esta lección vemos a Jesús mismo haciendo una (metáfora) declaración simbólica: *"Venid en pos de mí, y os haré pescadores de hombres."* Como ahora sus discípulos pescarían hombres, la figura del pescado es el símbolo adecuado para aquellos que creen in Cristo Jesús. Otro símbolo clave para entender este principio de evangelismo es el hecho que *el mar simboliza el mundo*. La Biblia usa el mar para ilustrar los habitantes de la tierra. Este simbolismo lo encontramos en el Antiguo y en el Nuevo Testamento:

Isaías 17:12 – *"¡Ay! multitud de muchos pueblos que harán ruido como estruendo de mar, y murmullo de naciones que harán alboroto como bramido de muchas aguas."*

Apocalipsis 17:15 – *"Me dijo también: Las aguas que has visto donde la ramera se sienta, son pueblos, muchedumbres, naciones y lenguas."*

Ezequiel 26: 3 – *"Por tanto, así ha dicho Jehová el Señor: He aquí yo estoy contra ti, oh Tiro, y haré subir contra ti muchas naciones, como el mar hace subir sus olas."*

Daniel 7: 3, 17 – *"Y cuatro bestias grandes, diferentes la una de la otra, subían del mar... Estas cuatro grandes bestias son cuatro reyes que se levantarán en la tierra."*

El ultimo simbolismo necesario para comprender en esta lección es "la barca". Según nuestras tradiciones cristianas, la *barca simboliza la iglesia.* Si el mar simboliza el mundo, sería lógico pensar que la barca de pesca que va (navega) hacia el mar adentro simboliza la iglesia. En algunos relatos de los evangelios los discípulos se encontraban dentro de la barca en medio de una tormenta. Muchos de los maestros de la biblia concuerdan diciendo que los vientos recios y las olas tempestuosas que golpean y azotan la barca son una ilustración espiritual de la actividad demoníaca en contra de la iglesia.

Aunque alguna pesca puede ocurrir desde la orilla del mar, la pesca grande (significativa) se produce mar adentro. Esta es una analogía interesante, de la misma forma que los pescadores lanzan su bote mar adentro con la misión de atrapar peces (pescar), la Iglesia tiene que salir al mundo y *"predicar el evangelio a toda criatura" (Marcos 16:15).* De la misma manera que el pez es atrapado y traído al bote para limpieza y preparación, los creyentes deben traer nuevas almas a la Iglesia y *"hacer discípulos de todas las naciones" (Mateo 28:19).* Los siguientes pasajes confirman el simbolismo de la iglesia como barca:

Efesios 4:14 – *"Para que ya no seamos niños fluctuantes, llevados por doquiera de todo viento de doctrina, por estratagema de hombres que para engañar emplean con astucia las artimañas del error."*

Salmos 107: 23-30 – *"Los que descienden al mar en naves, Y hacen negocio en las muchas aguas, Ellos han visto las obras de Jehová, Y sus maravillas en las profundidades. Porque habló, e hizo levantar un viento tempestuoso, Que encrespa sus ondas. Suben a los cielos, descienden a los abismos; Sus almas se derriten con el mal. Tiemblan y titubean como ebrios, Y toda su ciencia es inútil. Entonces claman a Jehová en su angustia, y los libra de sus aflicciones. Cambia la tempestad en sosiego, Y se apaciguan sus ondas. Luego se alegran, porque se apaciguaron; Y así los guía al puerto que deseaban."*

En el primer pasaje el Apóstol Pablo ilustra al creyente siendo estremecido de un lado al otro por las olas; estos son los movimientos del bote en medio de la tormenta.

En el segundo pasaje el salmista describe a mercaderes que salen con sus barcos en medio de las muchas aguas. En el mar ellos experimentan una tempestad y clamaron al Señor para que les salvara y Dios escucha su clamor y calma la mar. Esta escritura se cumplió en los relatos de los evangelios, Jesús calmando la tempestad por sus discípulos (Mateo 8:23-27). Estas son ilustraciones claras donde se usan las barcas para simbolizar la Iglesia.

Tres métodos para atrapar peces

Pescadores usando el anzuelo – Uno de las formas que los pescadores utilizan para pescar es el anzuelo en una caña de pescar. Con este método sólo se puede pescar un pez a la vez.

Esto representa el evangelismo personal básico. Antes de entrar en los detalles del evangelismo personal básico, veamos algunos versos de las escrituras que confirman el uso del anzuelo:

Mateo 17:27 – *"Sin embargo, para no ofenderles, ve al mar, y echa el anzuelo, y el primer pez que saques, tómalo, y al abrirle la boca, hallarás un estadero; tómalo, y dáselo por mí y por ti."*

Isaías 19:8 – *"Los pescadores también se entristecerán; harán duelo todos los que echan anzuelo en el río, y desfallecerán los que extienden red sobre las aguas."*

Job 41:1, 2 – *"¿Sacarás tú al leviatán con anzuelo, O con cuerda que le eches en su lengua? ¿Pondrás tú soga en sus narices, Y horadarás con garfio su quijada?"*

Ya que hemos confirmado el uso del "anzuelo" en la Biblia, podemos ir más allá y estudiar lo que este método representa.

El evangelismo personal básico es evangelizar al nivel más simple. Como aprendimos en las lecciones pasadas, todos los creyentes están llamados y pueden aprender a compartir el Evangelio de Jesucristo con otros. Este método puede ser usado en el ámbito de trabajo, puede ser usado mientras viajamos en el carro, o en transporte público como el autobús o el tren. Puedes usarlo en la tienda de víveres o en el supermercado, o mientras esté comiendo en su restaurante favorito. Donde quiera que la oportunidad o la necesidad se presente, cualquiera, en donde quiera, puede personalmente compartir las Buenas Nuevas de Jesucristo con otras personas "de tú a tú". Un buen ejemplo de este método es la historia de Felipe y el Eunuco. Toma tiempo para leer en el libro de los Hechos 8:26-40 y revisemos juntos los puntos a seguir:

Dirección divina – El evangelismo personal básico empieza cuando el creyente permite que Dios sea el que le dirija hacia la persona en necesidad. En nuestro texto un ángel del Señor le habló a Felipe diciendo: "Levántate y ve hacia el sur, por el camino que desciende de Jerusalén a Gaza, el cual es desierto." Luego, el Espíritu Santo le indicó quedarse cerca del carruaje de un etíope eunuco. Hoy, puede que no sea un ángel el que le hable, más el Espíritu Santo instará e inquietará su corazón para que le hable del Evangelio de Jesús a su compañero de trabajo o a algún familiar.

Inicie una conversación – Cuando Felipe se acercó al carro, oyó a un hombre leyendo el rollo del libro de Isaías y le preguntó si él entendía lo que estaba leyendo. Una vez que tenga un candidato seguro, busque una manera efectiva de iniciar una conversación. Puede ser que encuentre algo en común con esa persona, o descubra que esa persona tiene una necesidad en particular. En cualquier cosa que haga, no tiene que esperar a que la "persona candidata" sea quien comience la conversación con usted.

Discernir el grado de interés – Después que Felipe inició una conversación con el etíope eunuco, éste lo invitó a entrar en su carruaje. El eunuco mostró interés en las escrituras y en las cosas de Dios. Felipe vio esto y procedió a compartir el evangelio con él. El resultado final fue salvación y bautismo en agua. Esto sucedió porque el eunuco tenía un interés genuino en Dios. Este es un punto importante. Cuando usted comparte el evangelio de Cristo Jesús, usted tiene que observar a las personas para ver si éstas parecen tener un interés genuino en lo que usted está compartiendo. A veces, responderán con preguntas o enseñarán un alto grado de interés. Continúe dando seguimiento a esta persona de una manera que no denote que le está empujando o tratando de convencer. Usted tendrá el privilegio de guiarle al Señor. En otras ocasiones, la persona quizá no mostrará ningún interés en lo absoluto. En este caso, usted deberá aprender a respetar los deseos de las personas y continuar orando y hasta ayunar por ellos para que ellos puedan abrirse al mensaje del Evangelio. En cualquiera que sea el caso, usted ha cumplido su misión con tan solamente compartir con ellos.

<u>Los pescadores usan arpones</u> – Evangelismo personal avanzado
Otro método bíblico para pescar, es el uso de arpones (Job 41:7). El pescar con arpón requiere un alto nivel de destreza. Cuando usted usa un anzuelo, todo lo que tiene que hacer es amarrar el hilo al anzuelo que ya tiene la carnada y dejar que el pescado la muerda. Cuando usted usa un arpón para pescar, usted está en una caza. Usted se mete a un cuerpo de agua, se enfoca en el pescado que desea agarrar, y lanza el arpón dentro del agua. Esto requiere un grado de destreza más alto porque el pescador tiene que aprender a ajustar su tirada basado en la corriente del agua y el movimiento del pez. Esto requiere años de práctica y dedicación.

Estos métodos representan el evangelismo personal avanzado. De la misma manera que el pescador de arpón tiene que practicar por años para perfeccionar su habilidad, el creyente tiene que dedicar también años a l estudio de la Palabra y hasta al estudio de otras religiones para poder saber que éstas creen y así estar equipados para dar una respuesta razonable a sus doctrinas. La historia bíblica de Jesús y la mujer samaritana es un buen ejemplo de evangelismo personal avanzado. Tome el tiempo para leer esta historia en el libro de Juan 4:4-43, y luego revise conmigo los puntos principales de esta historia.

Cita divina – Jesús estaba sentado al lado del pozo de Jacob en un pequeño pueblo de Samaria llamado Sicar, cuando una mujer samaritana llegó a sacar agua del pozo. Esto representa una cita o (encuentro) divino el verso uno de este capítulo indica que Jesús dejó Judea e iba de camino a Galilea. En camino a Galilea se detuvo en Sicar. Esto se puede ver como algo raro ya que más de los judíos agarraban el camino más largo a Galilea de Judea, en vez de pasar a través de Samaria porque a la mayoría de los judíos no le gustaban los samaritanos. Pero esto no era relevante para Jesús porque allí había una mujer de Samaria quien necesitaba ayuda y el verso cuatro dice: "que él tenía que pasar a través de Samaria."

Los cristianos de hoy en día pueden encontrarse también en medio de una cita divina. La mayoría de nosotros fuimos salvos como resultado de una cita divina. Alguien te habló de Jesús en el momento más inoportuno; o alguien, te invitó a un lugar y allí fuiste expuesto al Evangelio de Jesucristo sin haberlo planificado. Todavía hoy, el Espíritu Santo sigue haciendo citas divinas; y Dios está buscando creyentes-discípulos que estén dispuestos a caminar la segunda milla por causa del Evangelio.

La Política – La próxima serie de eventos que toma lugar fue cuando Jesús inicia una conversación con la samaritana cuando él le pide a ella agua para beber. La mujer respondió a la petición de Jesús con argumentos acerca de los problemas religiosos y políticos más famosos del momento. Los samaritanos eran una raza de judíos mestizos (o sea judíos mezclados con otra raza) y los otros israelitas no los consideraban como judíos puros. Este prejuicio (o parcialidad) es lo que causó que muchos judíos al viajar, viajaran por las afueras y no atravesaran la ciudad de Samaria. Ella también trajo a colación que los samaritanos eran descendientes de Jacob y que el lugar donde se encontraban ella y Jesús era de El pozo de Jacob. Este punto ella lo menciona inmediatamente después de que Jesús le dice: "Yo soy el agua viva."

Los asuntos políticos pueden resurgir en la conversación cuando estás tratando de compartir tu fe con un inconverso. Para entrar en esta clase de discusión, se requiere un nivel de preparación y orientación. Este es un asunto con el cual un creyente tenga que lidiar al hacer evangelismo personal avanzado.

Confrontando el pecado – Al continuar la conversación, Jesús confronta a la mujer samaritana con el pecado de adulterio. La confrontación del pecado de ella fue directa, pero con gentiliza y compasión. Después de Jesús haberle prometido el agua que saciaría su sed para siempre, la mujer le pide a Jesús esa agua especial, entonces Jesús le pide que vaya, busque a su marido y regrese con él. Jesús le dice esto para darle una oportunidad de que se arrepienta de sus pecados. Note que Él no fue brusco con la verdad; Jesús le revela la verdad de tal forma que, esa verdad la llevara al arrepentimiento.

Este es otro asunto que sale a relucir cuando estamos haciendo evangelismo personal avanzado. Confrontar el pecado no es fácil ni cómodo, pero es necesario y aquellos(as) que se envuelven en este nivel de evangelismo personal deben estar adecuadamente preparados(as) para lidiar con posibles insultos y repercusiones.

La religión – Otro asunto que puede surgir durante una conversación evangelística es la religión. Con tantas religiones que hay en el mundo, y tantas diferencias de credo, aún dentro del cristianismo, el diablo aprovecha y trata de desviar una experiencia de conversión de incrédulos en potencia para convertirla en una madeja de confusión religiosa y así desmoralizarlos y desanimarlos. Esto fue lo que el enemigo trató de hacer con la mujer samaritana. Cuando Jesús confrontó el pecado de la samaritana, rápidamente, ella cambió el tema de la conversación y trajo el asunto de la adoración. "Señor me parece eres profeta. Nuestros padres adoraron en este monte, y vosotros decís que en Jerusalén." Con esta declaración la mujer estaba tratando de inducir a Jesús a entrar en un debate de adoración religiosa. En vez de responder a su propio pecado, ella trae el tema de la adoración. ¿Por qué? Simplemente, porque al espíritu religioso no le importa la condición pecaminosa en que se puede encontrar una persona; el espíritu religioso sólo pretende que nos aprendamos las actividades religiosas, que cumplamos con la liturgia rutinaria sin tener que tener un encuentro ni relación personal con Jesucristo. Gracias a Dios que Jesús supo evadir el argumento de religión y siguió enfocado en ganarse el corazón de la samaritana. Cuando estos argumentos tratan de desviar una experiencia de conversión en potencia en la vida de un inconverso, debemos tener sabiduría espiritual para abstenernos de los argumentos religiosos y dirigirnos hacia el corazón.

<u>Pescadores usando la red</u> – Evangelismo en masa
El último método bíblico que mencionaremos en esta lección es el de "tirar la red". Además de los anzuelos y las lanzas, los pescadores tiraban redes al mar para pescar para poder agarrar cientos de peces de una vez (Mateo 4:18-10, Mateo 13:47). "Tirar la Red" o "el lanzar la red" simboliza "El evangelismo en masa". El evangelismo en masa sucede cuando la Iglesia se organiza para trabajar unidos, y juntos crear un evento evangelístico en un ambiente en donde cientos de inconversos tienen la oportunidad de venir a recibir a Cristo después que se les ha presentado el mensaje del evangelio – de salvación.

Un ejemplo moderno de este nivel de evangelismo es el ministerio de Billy Graham. Cientos y miles de personas por todo el mundo se han reunido en un lugar al mismo tiempo para oír al Rev. Graham predicar el evangelio de Jesucristo. Durante el llamado al altar, he visto como cientos de personas han respondido al mensaje y han venido a recibir a Cristo haciendo la oración para salvación. Veamos en la Biblia algunos ejemplos de este método.

Hechos 2:37-41 – "Entonces oído esto, fueron compungidos de corazón, y dijeron a Pedro y a los otros apóstoles: Varones hermanos, ¿qué haremos? Y Pedro les dice: Arrepentíos, y bautícese cada uno de vosotros en el nombre de Jesucristo para perdón de los pecados; y recibiréis el don del Espíritu Santo. Porque para vosotros es la promesa, y para vuestros hijos, y para todos los que están lejos; para cuantos el Señor nuestro Dios llamare. Y con otras muchas palabras testificaba y exhortaba, diciendo: Sed salvos de esta perversa generación. Así que, los que recibieron su palabra, fueron bautizados: y fueron añadidas a ellos aquel día como tres mil personas."

Note que después de un sólo mensaje por el Apóstol Pedro, tres mil personas fueron salvas. Esto se llama "¡Evangelismo en masa!". Este tipo de cosecha requiere mucha organización, un plan bien trazado y preparación. No se trata de sólo ganar muchas almas en masa, tenemos que estar preparados para cuidar cada alma que entre por las puertas del templo. Cada una va a necesitar atención, cuidado espiritual individual y un mentor que les enseñe a cómo caminar en el temor del Señor. Con esto en mente, vamos a repasar algunos puntos que he descubierto en los relatos bíblicos del evangelio sobre la pesca milagrosa. Tome un tiempo para leer este relato que se encuentra en Lucas 5 y luego repase conmigo los siguientes puntos:

Disponibilidad – Lo primera cosa que esta historia nos enseña es el principio de la "disponibilidad". Para organizar un evento de evangelismo en masa vamos a necesitar personas que estén disponibles para Dios y la Iglesia. En este relato, Jesús usa la barca (la cual simboliza la iglesia) para predicar el Evangelio del Reino a las personas que le rodeaba. Esta era la barca de Pedro. Si la barca de Pedro no hubiera estado disponible, él nunca hubiera experimentado el gozo de lo que es ver una pesca milagrosa. Lo mismo aplica a la Iglesia de hoy. Si queremos experimentar en nuestra iglesia el gozo de ver una gran cosecha de almas en masa, entonces tenemos que entrenar a la gente (creyentes) a ser buenos mayordomos de su tiempo para que así estén disponibles y dispuestos a participar en la conversión milagrosa de muchas almas.

El lugar o localización correcta – El segundo principio que podemos extraer de esta historia verídica es "el lugar" o "la localización". Después de Jesús haber finalizado Su enseñanza, se dirige a Simón Pedro y le dice: "Boga mar adentro, y echad vuestras redes para pescar." El mandato de Jesús le recuerda a Pedro que él y los otros pescadores estuvieron echando las redes al mar para pescar sin resultado alguno. Pedro estuvo buscando toda la noche el lugar correcto para pescar, pero no lo logró. Esta es la clave. La Iglesia de hoy puede aprender una buena lección de esta "noche de redes vacías" con Pedro. Vemos a muchas iglesias alrededor del mundo que año tras año siguen con pocos, o una pesca mínima de peces nuevos, o cuando no, sin siquiera pescar un pez nuevo en sus redes. Enfatizo en el adjetivo nuevo porque muchas iglesias experimentamos lo que yo llamo el crecimiento por traslado y no el crecimiento por la transformación. El crecimiento por traslado es cuando recibimos hermanos(as) de otras congregaciones. Puede ser que no haya nada malo moralmente en este escenario, pero una cosa sí es segura, el Reino de Dios no crece con este tipo de crecimiento; más este crece a través del crecimiento por la transformación. Es decir, cuando nos ganamos almas nuevas para Cristo y son transformadas a la imagen y al carácter de Jesucristo el Señor.

¿Cuál es la lección que aprendimos de la experiencia de Pedro? Como iglesia, debemos buscar al Señor en oración y dejar que Él nos dirija hacia el lugar donde debemos lanzar nuestras redes. Debemos estar sensitivos a las necesidades de nuestra comunidad y a la voz del Espíritu y Él nos dirigirá hacia esa necesidad.

Colaboradores – El último punto que veo en este texto es el principio de un colaborador. El texto enseña que cuando Pedro obedeció al maestro y lanzó su red en el área correcta. Ellos tuvieron una cosecha tan grande que necesitaron la ayuda de las barcas que estaban cerca.

Cuando trabaje con el evangelismo en masa, va a necesitar la ayuda de toda la congregación. Si el evento está ubicado en una ciudad grande, también va a necesitar la ayuda de otras iglesias. Acuérdese de esto, la cantidad de peces que va a cosechar, ¡determinará la cantidad de ayuda que va a necesitar!

Eclesiastés 4:9-11 – *"Mejores son dos que uno; porque tienen mejor paga de su trabajo. Porque si cayeren, el uno levantará a su compañero; pero ¡ay del solo! que cuando cayere, no habrá segundo que lo levante. También si dos durmieren juntos, se calentarán mutuamente; mas ¿cómo se calentará uno solo?"*

Mateo 18:19 – *"Y vino un escriba y le dijo: Maestro, te seguiré adondequiera que vayas. "*

Romanos 12:4, 5 – *"Porque de la manera que en un cuerpo tenemos muchos miembros, pero no todos los miembros tienen la misma función, así nosotros, siendo muchos, somos un cuerpo en Cristo, y todos miembros los unos de los otros."*

Es mi oración que esta lección haya sido de gran bendición a su vida y que haya sido equipado para ser un pescador más productivo. Recuerde que los que siguen en pos del Señor Jesucristo serán transformados en pescadores de hombres.

Evangelizando a través de la oración
"Ganando almas de rodillas"

Hermanos, ciertamente el anhelo de mi corazón, y mi oración a Dios por Israel, es para salvación. Porque yo les doy testimonio de que tienen celo de Dios, pero no conforme a ciencia. Porque ignorando la justicia de Dios, y procurando establecer la suya propia, no se han sujetado a la justicia de Dios; porque el fin de la ley es Cristo, para justicia a todo aquel que cree.

Romanos 10:1-4

En este segundo nivel de discipulado hemos aprendido varios principios que tienen que ver con el evangelismo eficaz. Hemos aprendido que cada discípulo está *llamado a evangelizar*. Hemos estudiado el *Evangelio de Jesucristo* con el fin de poder compartirlo en una manera precisa. Hemos aprendido el valor del *testimonio del creyente* y la importancia del *Bautismo del Espíritu Santo* que nos da poder para testificar. También comprendimos que el testimonio del discípulo es importante y que debemos ser *testigos fructíferos*. En las últimas enseñanzas aprendimos cómo tener *pasión por las almas* y cómo ser *pescadores de hombres*.

Todo esto es importante y necesario para evangelizar en una manera productiva, pero no podemos terminar este curso sin revisar uno de los principios más importantes en la evangelización del incrédulo; la oración. En esta última lección vamos a estudiar cómo evangelizar a través de la oración.

En nuestro texto base el Apóstol Pablo revela que está orando por la salvación de toda la nación de Israel. Con todo el trabajo misionero que estaba haciendo el Apóstol Pablo sacaba tiempo para orar por ellos. Ya que hemos aprendido varios principios de cómo evangelizar al incrédulo, vamos a estudiar cómo orar por los que no conocen al Señor Jesucristo para que nuestros esfuerzos evangelísticos sean acompañados con oraciones efectivas.

La Biblia enseña claramente que no es solamente importante orar, pero es importante orar correctamente. El Apóstol Santiago nos enseñó este principio cuando dijo: *"Pedís, y no recibís, porque pedís mal, para gastar en vuestros deleites" (Santiago 4:3).* Esta verdad se aplica también cuando estamos orando por los incrédulos. Si pedimos mal, puede ser que no vamos a recibir lo contestación de nuestra petición.

Como orar por los incrédulos

Orar por la convicción del Espíritu Santo

Cuando vamos a orar por una persona que no conoce a Jesús, o por una persona que está apartada de los caminos del Señor, tenemos que clamar al Espíritu Santo por convicción. Según las Escrituras, el Espíritu Santo es el que da convicción al pecador de sus pecados. La convicción es el primer paso de la conversión. Cuando una persona comienza entender que él/ella es un pecador(a), puede estar abierto para recibir la única persona que puede borrar su pecado. Así que, no hay salvación si no hay convicción de pecados y ese es el trabajo del Espíritu Santo. Los versículos que siguen confirmarán esta verdad bíblica:

Juan 16:7-11 – *"Pero yo os digo la verdad: Os conviene que yo me vaya; porque si no me fuera, el Consolador no vendría a vosotros; más si me fuere, os lo enviaré. Y cuando él venga, convencerá al mundo de pecado, de justicia y de juicio. De pecado, por cuanto no creen en mí; de justicia, por cuanto voy al Padre, y no me veréis más; y de juicio, por cuanto el príncipe de este mundo ha sido ya juzgado."*

La palabra *"convencer"* en el lenguaje original es *"elegcho"* y significa: convicción, sacar a la luz, corregir, reprender.

<u>Hechos 2:37</u> – *"Al oír esto, se compungieron de corazón, y dijeron a Pedro y a los otros apóstoles: Varones hermanos, ¿qué haremos?*

<u>Hechos 9:1-6</u> – *"Saulo, respirando aún amenazas y muerte contra los discípulos del Señor, vino al sumo sacerdote, y le pidió cartas para las sinagogas de Damasco, a fin de que si hallase algunos hombres o mujeres de este Camino, los trajese presos a Jerusalén. Más yendo por el camino, aconteció que al llegar cerca de Damasco, repentinamente le rodeó un resplandor de luz del cielo; y cayendo en tierra, oyó una voz que le decía: Saulo, Saulo, ¿por qué me persigues? Él dijo: ¿Quién eres, Señor? Y le dijo: Yo soy Jesús, a quien tú persigues; dura cosa te es dar coces contra el aguijón. El, temblando y temeroso, dijo: Señor, ¿qué quieres que yo haga? Y el Señor le dijo: Levántate y entra en la ciudad, y se te dirá lo que debes hacer."*

La frase denotada se refiere a la torpeza de Pablo al pelear en contra de la convicción del Espíritu Santo. Seguramente, Dios había estado lidiando con Pablo antes de su experiencia en el camino de rumbo a Damasco. Pablo estuvo allí dando el consentimiento cuando Esteban fue apedreado hasta la muerte. Seguramente el testimonio de que ese gran discípulo de Cristo y convencido Pablo, (entonces llamado Saulo). Aunque Esteban fue condenado a muerte injustamente, éste nunca insultó a sus acusadores. El solamente tornó sus ojos hacia el cielo y declaró más o menos las mismas palabras que su maestro había declarado en el Monte Calvario: *"Señor, no retengas este pecado en contra de ellos" (Hechos 7:60).*

Es irrazonable pensar, que después que Pablo presenció ese tipo de compromiso por la causa de Cristo, éste no hubiese sido movido a cierto nivel. Yo pienso que desde ese día en adelante el Espíritu Santo comenzó a lidiar con Pablo. Esta fue la razón para la declaración de Jesús: *"¿Por qué me persigues? Dura cosa te es dar coses contra el aguijón" (Hechos 9:4).* En otras palabras, Pablo, peleando y resistiendo la convicción del Espíritu Santo, es duro trabajo y perjudicial a tu salud espiritual. Entonces, ¡para de resistirte y ríndete!

Por esto es que debemos orar por la convicción del Espíritu Santo en la vida de nuestros seres amados. Una vez el Espíritu Santo comienza a convencerlos, será duro para que ellos continúen viviendo en pecado. Mi fe es que tarde o temprano ellos se cansarán de pelear y resistir al Espíritu Santo y se rendirán a la soberanía de Jesucristo. Entonces, comienza a orar hoy mismo para que el Padre envíe al Espíritu Santo a su vida para hacer lo que Él le ha asignado a hacer, ¡traer convicción!

Orar al Padre en el nombre de Jesús

El segundo principio el cual debemos mantener en mente cuando oramos por los que son creyentes, es el principio de autoridad. Una de las razones por las cuales nosotros oramos al Padre en el nombre de Jesús es porque Dios el Padre es la autoridad máxima en el universo. Nosotros oramos en el nombre de Jesús porque Él es el único que nos da acceso al Padre. Esto está evidenciado en la oración del Señor. Jesús les dijo a sus discípulos que oraran diciendo: "Padre nuestro que estás en los cielos" (Lucas 11:2). Cuando oramos al Padre, nos hemos dirigido al recurso más alto conocido por el hombre. Este punto de autoridad es revelado en el contexto de salvación en el libro de Juan. En esta escritura, Jesús nos enseña que Dios es poderoso para salvar y que todo candidato para salvación debe ir a través del Padre. Lea estos versículos cuidadosamente: "Yo soy el pan que vino del cielo. Ellos dijeron, "¿No es este Jesús, el hijo de José, quienes el padre y la madre conocemos? ¿Cómo puede el ahora decir, "Yo vine del cielo"? "Dejen de hablar entre ustedes." Contestó Jesús. "Nadie puede venir a mí a menos que el Padre quien me envió lo atraiga, y yo le levantaré en el último día" (Juan 6:41- 44). ¿Notó esa declaración poderosa? Jesús enseñó a sus seguidores que nadie puede venir a Él, lo cual se está refiriendo a la salvación, a menos que el Padre "lo atraiga". Por esto es que oramos al Padre en el nombre de Jesús. El Padre es el que autoriza salvación (atrae) y el Hijo, con su trabajo en la cruz, hace posible que la salvación sea una realidad, es quien nos da libre acceso al Padre. Una vez entendemos esto, comenzaremos a pedirle al Padre en el nombre de Jesús. Para atraer a nuestros seres amados hacia Jesús. Mi fe es tal grado de que cuando el Padre comienza a atraerlos, no hay ningún poder en el universo que pueda resistir ¡el llamado del Creador! Las siguientes escrituras afirmarán este punto:

<u>Juan 6:41-44</u> – *"Murmuraban entonces de él los judíos, porque había dicho: Yo soy el pan que descendió del cielo. Y decían: ¿No es este Jesús, el hijo de José, cuyo padre y madre nosotros conocemos? Cómo, pues, dice éste: ¿Del cielo he descendido? Jesús respondió y les dijo: No murmuréis entre vosotros. Ninguno puede venir a mí, si el Padre que me envió no le trajere; y yo le resucitaré en el día postrero."*

Juan 16:23,24 – *"En aquel día no me preguntaréis nada. De cierto, de cierto os digo, que todo cuanto pidiereis al Padre en mi nombre, os lo dará. Hasta ahora nada habéis pedido en mi nombre; pedid, y recibiréis, para que vuestro gozo sea cumplido."*

Juan 15:16 – *"No me elegisteis vosotros a mí, sino que yo os elegí a vosotros, y os he puesto para que vayáis y llevéis fruto, y vuestro fruto permanezca; para que todo lo que pidiereis al Padre en mi nombre, él os lo dé. Esto os mando: Que os améis unos a otros."*

Juan 14:12-17 – *"De cierto, de cierto os digo: El que en mí cree, las obras que yo hago, él las hará también; y aún mayores hará, porque yo voy al Padre. Y todo lo que pidiereis al Padre en mi nombre, lo haré, para que el Padre sea glorificado en el Hijo. Si algo pidiereis en mi nombre, yo lo haré. Si me amáis, guardad mis mandamientos. Y yo rogaré al Padre, y os dará otro Consolador, para que esté con vosotros para siempre: el Espíritu de verdad, al cual el mundo no puede recibir, porque no le ve, ni le conoce; pero vosotros le conocéis, porque mora con vosotros, y estará en vosotros."*

Esta escritura nos da un componente clave para este principio porque nuestro pedir al Padre siempre debe estar alineado con su voluntad. Aquellos quienes son fructíferos en su carácter espiritual saben que Su voluntad es mostrada a través de la revelación de Su Palabra (biblia). Por lo tanto, comience a orar al Padre en el nombre de Jesús, hoy mismo. ¡Hay poder en Su nombre!

Ore con fe
A través de este nivel de discipulado y otros, yo he lidiado repetidamente con el tema de la fe. En este punto final de

nuestra lección, me mantendré en el tema de la fe en relación con el orar. Repasemos alguna escritura sobre este tema de la oración y renovemos nuestra confianza en el Padre Todopoderoso:

Mateo 21: 21, 22 – *"Respondiendo Jesús, les dijo: De cierto os digo, que si tuviereis fe, y no dudareis, no sólo haréis esto de la higuera, sino que si a este monte dijereis: Quítate y échate en el mar, será hecho. Y todo lo que pidiereis en oración, creyendo, lo recibiréis."*

Santiago 1:5-8 – *"Y si alguno de vosotros tiene falta de sabiduría, pídala a Dios, el cual da a todos abundantemente y sin reproche, y le será dada. Pero pida con fe, no dudando nada; porque el que duda es semejante a la onda del mar, que es arrastrada por el viento y echada de una parte a otra. No piense, pues, quien tal haga, que recibirá cosa alguna del Señor. El hombre de doble ánimo es inconstante en todos sus caminos."*

El Apóstol Santiago declara que cuando nosotros pedimos debemos creer. En otras palabras, el creer debe estar acompañado por la oración. Si nosotros no creemos que Dios sea capaz de contestar nuestras oraciones, entonces, ¿por qué orar? Una vez, escuché a un predicador decir que si Jesús les contestó a los demonios que estaban posesionando al hombre en la región de Santiago añade y declara que debemos creer y no dudar. Cuando dudamos estamos dando más crédito a las circunstancias y no confiando en el Dios que se especializa en lo imposible. Repase conmigo los siguientes efectos de la duda: (1) parte de su mente quiere que Dios le conteste, pero con la otra parte de su mente piensa que Dios no lo hará; (2) con una voz ora y le cree a Dios por un milagro, pero con otra voz expresa su duda e impaciencia en medio de todo lo que le sucede. Esto causa que sea incapaz de poder tomar decisiones correctas, y que sea infructífero en todos sus caminos.

Otro resultado en la vida de los que dudan según Santiago, es la "inestabilidad". Aquellos que dudan son de doble mentalidad y nunca pueden tomar un paso hacia delante para lograr sus metas en Cristo. Como no tienen la capacidad de hacer decisiones, se quejan por no saber qué dirección tomar y terminan haciendo, nada. Este escenario produce un problema en las huestes angelicales que son asignadas a los hijos e hijas de Dios concerniente a los asuntos del Reino de Jesucristo. ¿Puede imaginarse los ángeles hiendo y viniendo oyendo este tipo de declaraciones, contraria la una de la otra? La duda no sólo causa inestabilidad en el creyente, pero pueden causar cierto nivel de inestabilidad en las huestes celestiales que han sido asignadas para asistir en un caso específico.

Estos puntos básicos discutidos aquí, deben llevar su oración a un nuevo nivel cuando ora por aquellos que ama y no son convertidos. Primeramente, va a orar para que el Espíritu Santo los convenza de pecado hasta el punto de que ellos se sientan cansados de correr huyendo de Dios y que vengan a rendirse al Señorío de Jesucristo. También vas a apelar al Padre, el cual es la máxima autoridad en el universo, acercándose a Él en el nombre de Jesús y pidiéndole que los atraiga al Hijo.

Financiando el Evangelio
"El discípulo como administrador del reino"

Entonces se fueron los fariseos y consultaron cómo sorprenderle en alguna palabra. Y le enviaron los discípulos de ellos con los herodianos, diciendo: Maestro, sabemos que eres amante de la verdad, y que enseñas con verdad el camino de Dios, y que no te cuidas de nadie, porque no miras la apariencia de los hombres. Dinos, pues, qué te parece: ¿Es lícito dar tributo a César, o no? Pero Jesús, conociendo la malicia de ellos, les dijo: ¿Por qué me tentáis, hipócritas? Mostradme la moneda del tributo. Y ellos le presentaron un denario. Entonces les dijo: ¿De quién es esta imagen, y la inscripción? Le dijeron: De César. Y les dijo: Dad, pues, a César lo que es de César, y a Dios lo que es de Dios. Oyendo esto, se maravillaron, y dejándole, se fueron.

Mateo 22:15-22

La última lección que debemos considerar en la escuela de evangelismo es sobre cómo debemos administrar nuestras finanzas. Hasta este momento no hemos comunicado ninguna lección sobre uno de los principios más importante del discipulado, la mayordomía. Conforme a las sagradas escrituras, los seguidores de Jesús tienen la gran responsabilidad, y dicho privilegio, de ser administradores del reino de Dios. Esto significa que Dios nos ha llamado a ser socios en la expansión de su reino y colaboradores de su iglesia. Vamos a considerar los principios reveladas en nuestro pasaje central para aprender sobre como el discípulo debe ser administrador del reino de Dios y así ser colaborador de Cristo, financiando el mensaje de su evangelio.

Lo primero que debemos observar en el texto es el hecho de que esta enseñanza tiene que ver con finanzas. Los Fariseos y los Herodianos intentaron a atrapar a Jesús con una pregunta que tenía que ver con el tributo a Cesar. Este tema era muy popular entre los judíos ya que los tributos que tenían que pagar a Roma, amenazaban el tributo que tenían que dar para la obra del reino de Dios. Si Cristo hubiese hablado en favor a Roma, hubiese perdido su favor e influencia para con los judíos. Pero si Cristo hubiese hablado en favor de los judíos, entonces los herodianos hubiese reportado esto a las autoridades de Roma y lo hubiesen encarcelado o crucificado antes de tiempo. La respuesta de nuestro maestro es una de las frases más citado en el Nuevo Testamento; "dar a Cesar lo que es de Cesar y a Dios lo que es de Dios."

Dar a Cesar lo que es de Cesar

Cuando Jesús respondió de esta manera frente a la pregunta que los Fariseos le hicieron en cuanto al tributo que correspondía a Cesar, estaba estableciendo una verdad muy importante. Estaba enseñando una distinción entre el gobierno civil y el gobierno espiritual. Estaba declarando que había que ser fiel a los dos. Estaba enseñando que someterse a las autoridades del mundo no necesariamente significa que estamos rompiendo la ley de Dios, a menos que las leyes humanas violan a las leyes divinas. Las ramificaciones de esta enseñanza implican que el creyente no solo tiene la responsabilidad de seguir la ley de Dios, sino que también esta responsable en cumplir las leyes de la tierra. Tomamos un momento para revisar los siguientes pasajes bíblicos relacionadas con el tema:

Romanos 13:1,2 – *Sométase toda persona a las autoridades superiores; porque no hay autoridad sino de parte de Dios, y las que hay, por Dios han sido establecidas. De modo que quien se opone a la autoridad, a lo establecido por Dios resiste; y los que resisten, acarrean condenación para sí mismos.*

1 Pedro 2:13 al 16 – *Por causa del Señor someteos a toda institución humana, ya sea al rey, como a superior, ya a los gobernadores, como por él enviados para castigo de los malhechores y alabanza de los que hacen bien. Porque esta es la voluntad de Dios: que haciendo bien, hagáis callar la ignorancia de los hombres insensatos; como libres, pero no como los que tienen la libertad como pretexto para hacer lo malo, sino como siervos de Dios.*

Estos dos versículos bíblicos nos facilitan una enseñanza clara sobre la responsabilidad del creyente con el gobierno y confirma lo que Jesús enseño cuando dijo "dar a Cesar lo que es de Cesar". Quizás Pedro estaba pensando en esta enseñanza de su maestro cuando escribió "por causa del Señor someteos a toda institución humana" (énfasis mío). Pablo interpreto las palabras de Jesús de tal manera, que, para él, las autoridades civiles "han sido establecidas por Dios" y los que lo resisten, "acarrean condenación para sí mismos". Por lo cual, el creyente debe someterse a las autoridades civiles como fiel discípulo de Jesús. ¿Pero, como debemos responder cuando las leyes de la tierra están en directa violación con las leyes del cielo? La biblia tiene respuesta a esta inquietud en el Antiguo Testamento, tanto como en el Nuevo.
El ejemplo en el Antiguo Testamento se encuentra en el libro de Éxodo. En esta ocasión, el Faraón había establecido una ley que todos los niños varones de los hebreos tenían que ser matados. Esta ley fue establecida porque el Faraón observo el crecimiento extraordinario de los judíos y tuvo medio de que

ellos podrían usurpar su poder. Consideremos como ellos respondieron frente a esta amenaza:

"Y habló el rey de Egipto a las parteras de las hebreas, una de las cuales se llamaba Sifra, y otra Fúa, y les dijo: Cuando asistáis a las hebreas en sus partos, y veáis el sexo, si es hijo, matadlo; y si es hija, entonces viva. Pero las parteras temieron a Dios, y no hicieron como les mandó el rey de Egipto, sino que preservaron la vida a los niños. Y el rey de Egipto hizo llamar a las parteras y les dijo: ¿Por qué habéis hecho esto, que habéis preservado la vida a los niños? Y las parteras respondieron a Faraón: Porque las mujeres hebreas no son como las egipcias; pues son robustas, y dan a luz antes que la partera venga a ellas. Y Dios hizo bien a las parteras; y el pueblo se multiplicó y se fortaleció en gran manera. Y por haber las parteras temido a Dios, él prosperó sus familias[5]".

El ejemplo del Nuevo Testamento se encuentra en el libro de los Hechos. En esta ocasión, el sumo sacerdote y los saduceos habían echado a los apóstoles en la cárcel. La biblia dice que ellos hicieron esto porque "se llenaron de celo" pues los apóstoles disfrutaban del apoyo del pueblo ya que en su ministerio los enfermos se sanaban, los cuyos andaban y los que estaban endemoniados, recibieron liberación (Hechos 5:12-17). Tomamos un tiempo para leer la historia y como los apóstoles respondieron:

"Entonces levantándose el sumo sacerdote y todos los que estaban con él, esto es, la secta de los saduceos, se llenaron de celos; y echaron mano a los apóstoles y los pusieron en la cárcel pública. Más un ángel del Señor, abriendo de noche las puertas de la cárcel y sacándolos, dijo: Id, y puestos en pie en el templo, anunciad al pueblo todas las palabras de esta vida. Habiendo oído esto, entraron de mañana en el templo, y

---

[5] Exodo 1:15-21

enseñaban. Entre tanto, vinieron el sumo sacerdote y los que estaban con él, y convocaron al concilio y a todos los ancianos de los hijos de Israel, y enviaron a la cárcel para que fuesen traídos. Pero cuando llegaron los alguaciles, no los hallaron en la cárcel; entonces volvieron y dieron aviso, diciendo: Por cierto, la cárcel hemos hallado cerrada con toda seguridad, y los guardas afuera de pie ante las puertas; más cuando abrimos, a nadie hallamos dentro. Cuando oyeron estas palabras el sumo sacerdote y el jefe de la guardia del templo y los principales sacerdotes, dudaban en qué vendría a parar aquello. Pero viniendo uno, les dio esta noticia: He aquí, los varones que pusisteis en la cárcel están en el templo, y enseñan al pueblo. Entonces fue el jefe de la guardia con los alguaciles, y los trajo sin violencia, porque temían ser apedreados por el pueblo. Cuando los trajeron, los presentaron en el concilio, y el sumo sacerdote les preguntó, diciendo: ¿No os mandamos estrictamente que no enseñaseis en ese nombre? Y ahora habéis llenado a Jerusalén de vuestra doctrina, y queréis echar sobre nosotros la sangre de ese hombre. Respondiendo Pedro y los apóstoles, dijeron: Es necesario obedecer a Dios antes que a los hombres" (Hechos 5:17-29).

Estos dos pasajes bíblicos nos capacitan para responder a las leyes de la tierra que están en directa violación con las leyes de Dios. Las parteras hebreas en Egipto "no hicieron como les mandó el rey de Egipto, sino que preservaron la vida a los niños" porque ellos tuvieron "temor a Dios". ¿Y cómo respondió Dios a la desobediencia de ellas frente a una ley injusta? El texto dice que "Dios hizo bien a las parteras; y el pueblo se multiplicó y se fortaleció en gran manera" y El "prosperó sus familias" (Éxodo 1:15-21). Los apóstoles de igual manera recibieron órdenes "estrictas" de las autoridades que no podían "enseñar" al pueblo sobre el mensaje de Jesús y ellos respondieron; "es necesario obedecer a Dios antes que a los hombres." Esto nos enseña que la desobediencia civil de las parteras y los apóstoles, resultaron en obediencia a Dios. Por lo cual, los principios extraídos de estos pasajes bíblicos nos enseñan que cuando las leyes de la tierra están en directa violación a la ley de Dios, no debemos someternos a ellas. La ley del Faraón estaba en directa violación a los diez mandamientos que enseña "No matarás" (Éxodo 20:13). La ley del sumo sacerdote estaba en directa violación al mandato que Jesús les había encomendado a los apóstoles a "Id por todo el mundo y predicad el evangelio a toda criatura" (Marcos 16:15). ¿Cómo debemos responder a las leyes de la tierra que violan la ley de Dios? El creyente debe tener reverencia a su Señor y obedecer a Dios más que a los hombres, confiando cada día en aquel que tiene todo el poder, control y dominio. Con razón San Agustín declaro con una convicción poderosa que "una ley injusta, no es ley"[6].

Dar a Dios lo que es de Dios

Después de establecer lo que significa dar a Cesar lo que es de Cesar, podemos entender la segunda mitad de su respuesta ante los Fariseos, "dar a Dios lo que es de Dios". Con esta declaración Jesús está enseñando a sus seguidores de que deben ser fiel a la obra de Dios, así como al gobierno civil. La aplicación de este principio bíblico es que el creyente tiene la responsabilidad de someterse a los mandamientos divinos, y en este contexto sobre el tributo a Cesar, la enseñanza esta explícita. Los seguidores de Jesús debemos dar a Dios, en forma monetaria, lo que él requiere. La pregunta clave para interpretar correctamente esta declaración es ¿Qué es lo que Dios requiere? Cuando los judíos escucharon "dar a Dios lo que

---

[6] San Augustine of Hippo, *On Choice of the Will*, Book 1, § 5.

es de Dios" ¿sabrían de lo que Jesús estaba diciendo? Claro que sí. Los judíos endentaron el mensaje sin duda, por eso el texto dice que "se maravillaron" a la respuesta de Jesús. Ellos sabían que tenían que seguir pagando tributo a Cesar y seguir pagando tributo a Dios. Y ¿cuál era el tributo que los judíos estaban acostumbrados a pagar a Dios? Los diezmos. Con esto establecido, vamos a considerar algunos pasajes fundamentales en la biblia, sobre este tema, que serán de bendición para el creyente.

Los diezmos de Abraham

Una de las primeras narraciones bíblicas sobre el tema de los diezmos, se encuentra con la historia del patriarca Abraham. Para entender un poco sobre la narración bíblica de esta historia, debemos considerar el hecho contextual de que su sobrino Lot fue capturado por algunos reyes y Abraham formo su propio ejército para librar a su sobrino de la esclavitud. Abraham fue victorioso y pudo librar a su sobrino. En este contexto, encontramos el ejemplo de sus diezmos:

"Cuando volvía de la derrota de Quedorlaomer y de los reyes que con él estaban, salió el rey de Sodoma a recibirlo al valle de Save, que es el Valle del Rey. Entonces Melquisedec, rey de Salem y sacerdote del Dios Altísimo, sacó pan y vino; y le bendijo, diciendo: Bendito sea Abram del Dios Altísimo, creador de los cielos y de la tierra; y bendito sea el Dios Altísimo, que entregó tus enemigos en tu mano. Y le dio Abram los diezmos de todo. Entonces el rey de Sodoma dijo a Abram: Dame las personas, y toma para ti los bienes. Y respondió Abram al rey de Sodoma: He alzado mi mano a Jehová Dios Altísimo, creador de los cielos y de la tierra, que, desde un hilo hasta una correa de calzado, nada tomaré de todo lo que es tuyo, para que no digas: Yo enriquecí a Abram; excepto

solamente lo que comieron los jóvenes, y la parte de los varones que fueron conmigo, Aner, Escol y Mamre, los cuales tomarán su parte" (Genesis 14:17-24).

La primera observación que quiero hacer sobre este pasaje es concerniente al personaje de Melquisedec. El texto dice que él fue uno de los reyes que salió a ver a Abraham después de su victoria y era el "rey de Salem y sacerdote del Dios Altísimo". Si el hecho de que Melquisedec era sacerdote del Dios altísimo fuese curioso, más interesante aun es lo que eso. Melquisedec "sacó pan y vino" y bendijo a Abraham diciendo "Bendito sea Abram del Dios Altísimo, creador de los cielos y de la tierra; y bendito sea el Dios Altísimo, que entregó tus enemigos en tu mano". El autor del libro de los Hebreos añade más información sobre este personaje misterioso en la biblia llamado Melquisedec:

"Porque este Melquisedec, rey de Salem, sacerdote del Dios Altísimo, que salió a recibir a Abraham que volvía de la derrota de los reyes, y le bendijo, a quien asimismo dio Abraham los diezmos de todo; cuyo nombre significa primeramente Rey de justicia, y también Rey de Salem, esto es, Rey de paz; sin padre, sin madre, sin genealogía; que ni tiene principio de días, ni fin de vida, sino hecho semejante al Hijo de Dios, permanece sacerdote para siempre. Considerad, pues, cuán grande era éste, a quien aún Abraham el patriarca dio diezmos del botín" (Hebreos 7:1-4).

El punto que quiero enfatizar con Melquisedec es que la biblia lo presenta como un símbolo o tipo de Cristo. Consideremos cinco cosas en estos dos pasajes que confirman esto. La primera indicación es que él fue el rey de Salem que muchos teólogos (como Juan Calvino) afirman que significa en hebreo "Jerusalén". La segunda indicación que observamos es que Melquisedec le sirvió pan y vino; un simbolismo claro de Cristo según el Nuevo Testamento. En tercer lugar, Melquisedec tiene el título "Rey de paz" que está en armonía con el título "príncipe de paz" que le es otorgado a Jesús conforme al profeta Isaías (Isaías 9:6). Y el último punto que afirma la tipología de Melquisedec a de nuestro Señor es el hecho de que Melquisedec, así como Cristo estaba "sin padre, sin madre, sin genealogía; que ni tiene principio de días, ni fin de vida, sino hecho semejante al Hijo de Dios". Por lo cual, Melquisedec según la biblia, es una figura mayor que la de Abraham, pues escrito esta "cuán grande era éste, a quien aún Abraham el patriarca dio diezmos del botín". Pues ciertamente "y sin discusión alguna, el menor es bendecido por el mayor" (Hebreos 7:7).

La segunda observación que quiero hacer sobre el pasaje que se encuentra en Genesis capítulo 14, que contiene la primera historia del diezmador en la biblia, es el hecho de que Abraham "dio los diezmos de todo" de lo que él había ganado a Melquisedec. Este personaje Melquisedec, que es una tipificación de Jesucristo, recibió todos los diezmos del botín de Abraham. Cuando el rey de Sodoma quiso convencer a Abraham a retener parte de los diezmos, el patriarca respondió diciendo "He alzado mi mano a Jehová Dios Altísimo, creador de los cielos y de la tierra, que, desde un hilo hasta una correa de calzado, nada tomaré de todo lo que es tuyo, para que no digas: Yo enriquecí a Abram". Doy énfasis en este punto
porque muestra la mentalidad y compromiso de Abraham con Dios y su obra. Él estaba tan comprometido que hizo un pacto que nunca iba a retener los diezmos de Dios. Y ¿Cuál fue su motivación? Este compromiso estaba basado en el hecho de que él deseaba ser un testigo al mundo de que su prosperidad y riquezas no fueron el resulto de los hombres; sino fue resultado de la gracia y bendición de su Dios.

Los diezmos de Moisés

La segunda persona que necesitamos considerar para entender lo que significaba "dar a Dios lo que es de Dios", es Moisés. Como mencione en el comienzo de esta enseñanza, todos los judíos que escucharon la enseñanza de Jesús (en Mateo 22) sabían que él estaba hablando sobre el diezmo. Ellos estaban muy familiarizados con la Tora que contiene varias porciones escriturales sobre sus responsabilidades con el diezmo. Dos de ellos son:

Levítico 27:30-32 – *"Y el diezmo de la tierra, así de la simiente de la tierra como del fruto de los árboles, de Jehová es; es cosa dedicada a Jehová. Y si alguno quisiere rescatar algo del diezmo, añadirá la quinta parte de su precio por ello. Y todo diezmo de vacas o de ovejas, de todo lo que pasa bajo la vara, el diezmo será consagrado a Jehová."*

Deuteronomio 14:23,24 – *Indefectiblemente diezmarás todo el producto del grano que rindiere tu campo cada año. Y comerás delante de Jehová tu Dios en el lugar que él escogiere para poner allí su nombre, el diezmo de tu grano, de tu vino y de tu aceite, y las primicias de tus manadas y de tus ganados, para que aprendas a temer a Jehová tu Dios todos los días.*

Moisés enseño al pueblo que de cada diez vacas, ovejas o bolsas de grano que cosechaban, uno tenía que ser separado para ser "consagrado a Jehová" con el fin de suplir y financiar Su obra en la tierra. La enseñanza de los diezmos quedo claro en las mentes y corazones de los Israelitas. Ellos entendiendo que todas las bendiciones que habían recibido vinieron del creador de los cielos y la tierra, por lo cual, diez por ciento de todas sus ganancias no les pertenecían a ellos, sino a Dios. El hecho de que diez por ciento de sus entradas pertenecen a Dios está indicado claramente en el hecho de que, si los israelitas usaban los diezmos de sus ganancias, entonces tenían que pagar intereses por lo mismo; "Y si alguno quisiere rescatar algo del diezmo, añadirá la quinta parte de su precio por ello". Esto punto teológico está claramente revelado por el profeta Malaquías cuando llamo a los israelitas ladrones por no pagar sus diezmos y ofrendas:

"Porque yo Jehová no cambio; por esto, hijos de Jacob, no habéis sido consumidos. Desde los días de vuestros padres os habéis apartado de mis leyes, y no las guardasteis. Volveos a mí, y yo me volveré a vosotros, ha dicho Jehová de los ejércitos. Mas dijisteis: ¿En qué hemos de volvernos? ¿Robará el hombre a Dios? Pues vosotros me habéis robado. Y dijisteis: ¿En qué te hemos robado? En vuestros diezmos y ofrendas. Malditos sois con maldición, porque vosotros, la nación toda, me habéis robado. Traed todos los diezmos al alfolí y haya alimento en mi casa; y probadme ahora en esto, dice Jehová de los ejércitos, si no os abriré las ventanas de los cielos, y derramaré sobre vosotros bendición hasta que sobreabunde. Reprenderé también por vosotros al devorador, y no os destruirá el fruto de la tierra, ni vuestra vid en el campo será estéril, dice Jehová de los ejércitos. Y todas las naciones os dirán bienaventurados; porque seréis tierra deseable, dice Jehová de los ejércitos" (Malaquías 3:6-12).

En esta narración profética, Dios, por el profeta, está exhortando a los israelitas a volver a Él, trayendo sus diezmos y ofrendas al alfolí. La promesa para los obedientes era que serían perdonados de sus malos caminos y que iban a experimentar la prosperidad que Dios le había prometido. Vamos a terminar esta lección considerando varios puntos de observación en este pasaje que se enfoca en las bendiciones que iban a recibir y así ser motivados a dar a Dios lo que es de Dios, por el resto de nuestra vida.

Las bendiciones del diezmador

Cielos abiertos

La primera bendición del diezmador, conforme al profeta Malaquías, era que las ventanas de los cielos serían abiertas. Podemos aplicar este primer punto entendiendo que Dios abrirá puertas y otorgará oportunidades frescas e creativas para aquellos que ponen su confianza en el a través de los diezmos. Otra aplicación seria la introducción de luz. Cuando los cielos se abren, las nubes se disipan, y la manifestación de la luz de Dios ilumina nuestro territorio. Esto significa que las tinieblas en su vida serán vencidas y la obscuridad que antes ocultaba su capacidad de ver se alumbrara. Los pasajes abajo revelaran dos beneficios adicionales que pueden suceder cuando los cielos son abiertos a su favor:

"Salió, pues, Jacob de Beerseba, y fue a Harán. Y llegó a un cierto lugar, y durmió allí, porque ya el sol se había puesto; y tomó de las piedras de aquel paraje y puso a su cabecera, y se acostó en aquel lugar. Y soñó: y he aquí una escalera que estaba apoyada en tierra, y su extremo tocaba en el cielo; y he aquí ángeles de Dios que subían y descendían por ella. Y he aquí, Jehová estaba en lo alto de ella, el cual dijo: Yo soy Jehová, el Dios de Abraham tu padre, y el Dios de Isaac; la tierra en que estás acostado te la daré a ti y a tu descendencia. Será tu descendencia como el polvo de la tierra, y te extenderás al occidente, al oriente, al norte y al sur; y todas las familias de la tierra serán benditas en ti y en tu simiente. He aquí, yo estoy contigo, y te guardaré por dondequiera que fueres, y volveré a traerte a esta tierra; porque no te dejaré hasta que haya hecho lo que te he dicho. Y despertó Jacob de su sueño, y dijo: Ciertamente Jehová está en este lugar, y yo no lo sabía.

Y tuvo miedo, y dijo: !Cuán terrible es este lugar! No es otra cosa que casa de Dios, y puerta del cielo" (Genesis 28:10-17).

"Y Jesús, después que fue bautizado, subió luego del agua; y he aquí los cielos le fueron abiertos, y vio al Espíritu de Dios que descendía como paloma, y venía sobre él. Y hubo una voz de los cielos, que decía: Este es mi Hijo amado, en quien tengo complacencia" (Mateo 28:16,17).

En el primer pasaje, Jacob recibió un sueño divino mientras descansaba. En el sueño, el vio los ángeles de Dios que subían y bajaban, bajo un cielo abierto, en el lugar donde él estaba descansando. En la parte más alta de es "escalera" celestial, Dios mismo estaba y volvió a declarar la promesa que dijo a Abraham recordándole que los planes divinos para con Jacob se iba a cumplir y nada y nadie podría detenerlo. Cuando Jacob se levanta del sueño él se da cuanta inmediatamente que era un sueño dado por Dios declarando aquel lugar "casa de Dios y puerta del cielo". Podemos concluir de esta porción bíblica que cuando los cielos se abren en favor del creyente, el pacto de Dios es reiterado en nuestro corazón, hay movimiento angelical en favor de nosotros, y los sueños divinos sobre nuestro llamado comienzan a fluir y aclararse.

El segundo pasaje relata un evento muy importante en la vida de nuestro Señor, su bautismo en agua. En esta ocasión, Jesús viene a Juan el bautista para ser bautizado en cumplimiento de los propósitos de Dios. Es importante entender que el bautismo de Jesús por Juan no fue para el arrepentimiento de pecados como el bautista hacía por lo demás. Las escrituras enseñan que Jesús nunca peco (Hebreos 4:15). Es por eso que Juan, cuando Jesús se acerca para ser bautizado, declara; "Yo necesito ser bautizado por ti, ¿y tú vienes a mí?" Jesús responde diciendo, "Deja ahora, porque así conviene que cumplamos toda justiciar." Solo después de esta explicación por el Maestro que Juan cedió a la petición del Nazareno. ¿Y qué paso cuando Jesús fue bautizado en agua? Los cielos fueron abiertos y Dios hablo una vez más diciendo "este es mi Hijo amado, en quien tengo complacencia". Podemos declarar una verdad bíblica revelado no solo en este pasaje, sino también en la anterior; cuando las ventanas de los cielos se abren en favor del creyente, entonces la voz de Dios se hace más clara en su vida que resultara en una afirmación de nuestra identidad y una dirección clara.

Derramamiento sobreabundante

La segunda bendición del diezmador, conforme al profeta Malaquías, es el derramamiento de bendiciones hasta que sobre abundan. Uno de los simbolismos para "derramamiento" en la biblia es la lluvia. La lluvia, que es agua del cielo, puede representar: (1) tiempos de refrigerio; (2) momentos de consagración o limpieza espiritual; (3) una restauración y renovación integral; y (4) un derramamiento de provisiones. En términos literales, Dios está diciendo a los israelitas que, si ellos vuelen a Él, entonces el abrirá las ventanas de los cielos y enviara lluvia a la tierra. La lluvia entonces resultará en el crecimiento de sus frutas, que facilitará una cosecha de productos o mercancía, que producirá un aumento de sus negocios. Lo que Dios estaba diciendo a ellos, y también a nosotros, es que el arrepentimiento produce la prosperidad de Dios en nosotros y sus resultados normalmente se ven en manera progresiva. Los pasajes que siguen confirmaran la importancia del arrepentimiento:

Proverbios 28:13 – *El que encubre sus pecados no prosperará; Mas el que los confiesa y se aparta alcanzará misericordia.*

<u>2 Pedro 3:9</u> – *El Señor no retarda su promesa, según algunos la tienen por tardanza, sino que es paciente para con nosotros, no queriendo que ninguno perezca, sino que todos procedan al arrepentimiento.*

Debemos entender que Dios siempre está preparado para bendecir a sus hijos más de lo que podemos imaginar. No importa si su vida se encuentra estancada, si te sientas débil y luchando con hábitos pecaminosas que no agradan a Dios; si estas dispuesto a arrepentirte y apartarte de esa mala conducta, Dios te perdonara. Lo único que tenemos que hacer es abrir nuestra boca para acudir socoro al Dios de toda misericordia, y el no solamente nos perdonara, también nos restaurara.

Después del arrepentimiento, podemos esperar una o todas de las cosas que yo mencione arriba en el listado del simbolismo de derramamiento. Puede ser que vendrán tiempos de refrigerio espiritual o momentos de consagración sobre tu vida. Que comenzaras a sentir un profundo deseo de orar, ayunar y escudriñar las escrituras. De separar tiempo para retirarse con nuestro Señor y descansar en su presencia. En esos momentos, desfrutamos del derramamiento más importante para el creyente, el derramamiento del Espíritu Santo. Quizás comenzaras a sentir una restauración ministerial. Esta restauración te puede impulsar a volver a ser obras misioneras y sociales en su círculo de influencia. Esto te puede estimularte a visitar a los enfermos y/o dar comida o los que tienen hambre. También puedes sentir que Dios te está dirigiendo a ir con un grupo misionero para servir a los desamparados y enfermos en otro país. Todo esto habla de una restauración ministerial integral. O puede ser que Dios te prosperara en una manera extraordinaria y serás recipiente de un derramamiento de provisiones financieras, que le capacitara a aumentar tu porcentaje de aporte económico, para que varios ministerios sean fortalecidos y equipados a continuar la misión de Cristo en diferentes partes del mundo. No importa cuál fue la situación en su pasado, hoy declaro que Dios te dice lo mismo que el profeta Isaías dijo a los Israelitas:

"Así dice Jehová, Hacedor tuyo, y el que te formó desde el vientre, el cual te ayudará: No temas, siervo mío Jacob, y tú, Jesurún, a quien yo escogí. Porque yo derramaré aguas sobre el sequedal, y ríos sobre la tierra árida; mi Espíritu derramaré sobre tu generación, y mi bendición sobre tus renuevos; y brotarán entre hierba, como sauces junto a las riberas de las aguas" (Isaías 44:2-4).

Victoria contra el enemigo

La última bendición mencionado por el profeta Malaquías, para los diezmadores, es que Dios ha prometido darnos victoria sobre nuestros enemigos; "Reprenderé también por vosotros al devorador, y no os destruirá el fruto de la tierra, ni vuestra vid en el campo será estéril". En el sentido literal del pasaje, Dios está diciendo a los israelitas que él iba a reprender las langostas que venían para dañar la cosecha de los labradores. Algunos teólogos añaden que algos de los enemigos de Israel venían de tiempo en tiempo para robar el fruto de la cosecha. En los dos casos, la promesa es que estos "devoradores" iban a ser reprendido por el creador de los cielos y la tierra.

Usas de las aplicaciones más comunes para esta porción bíblica es la de la guerra espiritual. El hecho de que había un elemento devorador que amenazaba la prosperidad de los hebreos es suficiente evidencia bíblica para conectar esta porción de las escrituras con otras que hablan sobre la batalla espiritual que existe entre el bien y el mal; entre el pueblo de Dios y los enemigos de Dios. Los textos que siguen afirman esta realidad:

<u>1 Pedro 5:8</u> – *"Sed sobrios, y velad; porque vuestro adversario el diablo, como león rugiente, anda alrededor buscando a quien devorar."*

<u>Efesios 6:10-12</u> – *"Por lo demás, hermanos míos, fortaleceos en el Señor, y en el poder de su fuerza. Vestíos de toda la armadura de Dios, para que podáis estar firmes contra las asechanzas del diablo. Porque no tenemos lucha contra sangre y carne, sino contra principados, contra potestades, contra los gobernadores de las tinieblas de este siglo, contra huestes espirituales de maldad en las regiones celestes."*

Estos pasajes bíblicos nos enseñan los puntos sobre nuestra guerra espiritual; (1) tenemos un enemigo o adversario – el diablo; (2) El enemigo anda buscando a quien devorar; (3) el enemigo es organizado; (4) la estrategia para vencer al enemigo. En primer lugar, la biblia nos enseña que los cristianos tenemos un enemigo espiritual literal que es nuestro adversario. La palabra adversario en griego es "antidikos"[7] y da la idea de alguien que se opone a lo que deseas hacer o cumplir. Esto significa que el discípulo tiene un espíritu malo, el diablo, que de una manera u otra trabaja en contra de todo lo que deseamos hacer para Dios. Estos pasajes también revelan que el enemigo no está quieto; sino que el anda, o se mueve, con el fin de cumplir sus oposiciones. Y no solo eso, pero sus movimientos son organizados. Pablo afirma que el enemigo tiene "principados, potestades, gobernadores de las tinieblas de este siglo", y "huestes espirituales de maldad en las regiones celestes". Frente a la realidad de un enemigo tan poderoso, ¿qué puede ser el creyente para salir victorioso sobre las "asechanzas" del enemigo? La biblia nos enseña que el único

---

[7] James Strong, *Strongs Exhaustive Concordance* (Peabody: Hendrickson Publishers, 1990.

que puede vencerlo, y de modo ya lo ha vencido, es nuestro Señor Jesucristo. Por lo cual, el discípulo tiene que aprender a ser fortalecidos "en el Señor, y en el poder de su fuerza" pues solo con el poder de Dios es que podemos vencer el poder del maligno.

En esta lección hemos aprendido que el creyente tiene el privilegio de ser un colaborador del reino de Dios a través de sus diezmos y ofrendas. Hemos aprendido que Jesús mismo enseño que el pueblo de Dios debe "dar a Cesar lo que es de Cesar y a Dios lo que es de Dios". Dios nos ha dado su bendición para prosperarnos en todo nuestro camino, y aunque existe un enemigo que anda como león rugiente buscando a quien devorar, también existe un rey que se llama Jesús, que lo ha vencido en la cruz de calvario. Cuando el discípulo aprende a ser fortalecido en el poder del Señor, entonces la victoria de Cristo será su victoria realizada y será una vez y para siempre "más que vencedor por medio de aquel que nos amó" (Romanos 8:37).

Esto concluye las enseñanzas de la escuela de evangelismo. Como discípulo, ha sido capacitado para comunicar el mensaje glorioso del evangelio de Jesucristo con las personas que está bajo tu alcance de influencia. Oramos para que Dios le use como un gran pescador de hombres y que la pasión por las almas perdidas nunca se apague en su corazón. El nivel que sigue es la escuela de mentoría donde usted aprenderá los principios necesarios para apoyar el desarrollo espiritual de las personas, que, por la gracia de nuestro Señor, se convierten bajo su ministerio evangelístico. Que nuestro Señor te sigue fortaleciendo mientras sigues desarrollándote como un discípulo del Jesucristo.

Como iniciar una Academia de Discipulado en su iglesia

Hemos creado la Academia de Discipulado para proveer un recurso que servirá para asistir a los pastores en el proceso de formar a los nuevos creyentes a la imagen y semejanza de Cristo. Hemos simplificado este sistema para que sea fácil de ser implementado en cualquier iglesia (pequeño o grande) con el fin de que el ministerio local puede comenzar a desfrutar de sus frutos lo más antes que sea posible. Los puntos que siguen son vitales para el desarrollo fructífero de su Academia de Discipulado.

El currículo

El primer paso para iniciar una Academia de discipulado en la iglesia local es el de estar familiarizado con el currículo. Si el pastor está muy ocupado en el ministerio, esta tarea puede ser delegada a uno de sus líderes. Nuestro curso de discipulado consiste en cinco niveles de entrenamiento y cada uno tiene una concentración específica para que el discipulo sea adecuadamente preparado en la misma. El currículo consiste en un libro de texto para el maestro (La Academia de Discipulado) y cinco manuales de trabajo para el alumno. Los cinco niveles de entrenamiento son:

<u>La escuela de adorares</u> – el enfoque del primer nivel es de enseñar al creyente como desarrollar una vida espiritual íntima con Jesucristo.

La escuela de evangelismo – el enfoque del segundo nivel es enseñar al creyente cómo compartir el evangelio de Jesucristo con otros.

La escuela de mentoría – en el tercer nivel el creyente es orientado en cómo cuidar y afirmar a las personas que él o ella ha ganado para Cristo.

La escuela del ministerio – en el cuatro nivel el discípulo es orientado en como descubrir y desarrollar los dones que Dios les ha dado con el fin de participar como voluntario en la iglesia local.

La escuela de líderes – en el último nivel enseñamos al creyente a cómo ser un líder en su hogar, en la iglesia y en su comunidad. Al completar los cinco niveles de entrenamiento, estará listo para ser colaborador en la expansión del reino de nuestro señor, trabajando arduamente para el avance de la iglesia local.

El director de la Academia

Después de estar familiarizado con el currículo de la Academia de Discipulado, la próxima tarea es de establecer un director de la Academia. Algunas de las funciones del director son: (1) Dirigir el equipo de liderazgo de la Academia que consiste en un asistente y un secretario/tesorero; (2) supervisar todos los aspectos de la academia; (3) someter un reporte mensual de la academia al pastor; (4) reunir con los maestros/mentores de la academia una vez al mes para dialogar con ellos sobre su ministerio de discipulado con el fin de inspíralos, apoyarlos y perfeccionarlos; (5) establecer los horarios donde los maestros y alumnos tendrán sus reuniones; (6) organizar el retiro de discipulado (nivel 1); organizar el retiro de líderes (nivel 5). Nombramiento del equipo de líderes de la Academia debe ser bajo la supervisión del pastor local o según los reglamentos de la iglesia.

El asistente al director

El asistente al director de la Academia de Discipulado es responsable por dirigir el equipo de seguimiento de la iglesia local. Este equipo es responsable de registrar y asimilar cada persona que se convierte a Cristo en el ministerio de la iglesia. El asistente constantemente está revisando la lista de registro de nuevos convertidos, con el director, para crear una lista de personas que desean comenzar a estudiar en la Academia de Discipulado. Nombramiento para los miembros del equipo de seguimiento, que dirige el asistente director de la Academia, serán en colaboración del equipo del liderazgo de la Academia y con la aprobación del pastor. El asistente también ayudara al director en todo lo que sea a su alcance.

El secretario/tesorero

El secretario/tesorero de la Academia de Discipulado es un apoyo administrativo y espiritual del líder y su asistente. Parte de sus responsabilidades administrativas son: (1) mantener el registro de los nuevos convertidos de la congregación; (2) colectar las asistencias de cada grupo de discipulado, compiladas por la secretaria del grupo, y archivarlos para el reporte mensual; (3) mantener un registro de las ofrendas de cada grupo y los fondos de la colecta de los libros pagados; (4) ordenar los libros de discipulado asegurando que cada grupo tenga sus libros a tiempo.

Los maestros/mentores

La próxima tarea es de establecer un equipo de maestros/mentores que serán responsable de supervisar la formación espiritual de sus alumnos enseñándole la materia de cada lección en el libro y apoyándoles en sus proyectos. En nuestro sistema, asignamos dos líderes para cada grupo de discipulado desde su inicio y continuaran con ellos hasta que cumplen los cinco niveles de la academia. De esta manera, el discípulo disfrutara de una formación estable y consistente.

Reglamentos de la Academia

Cada lección de estudio de la Academia de Discipulado contiene información práctica y pasajes bíblicos para la edificación del creyente. La mayoría de las lecciones en cada nivel pueden ser ministradas por el maestro/mentor, a sus discípulos, en una hora de clase. Las lecciones que son más extensos deben ser divididos en dos clases (ninguna lección debe ser dividido en tres clases). Si siguen este modelo, el alumno podrá completar la academia en un año y medio. Los reglamentos que siguen deben ser considerados por cada maestro/mentor:

- ❖ Todo estudiante de la Academia debe completar los cinco niveles de discipulado para poderse graduar.
- ❖ Todo estudiante debe cumplir con los proyectos de discipulado de cada módulo antes de ser promovidos al próximo nivel (véase a los proyectos del discípulo).
- ❖ Todo estudiante debe completar un mínimo de ocho lecciones en cada nivel para ser promovidos al próximo nivel.

❖ Todo estudiante debe venir completamente preparado a la clase para el estudio (con la Biblia, el libro de texto o el cuaderno, y una libreta de apuntes).

Para los alumnos que están estudiando algún nivel por su cuenta (sin un maestro) y desean recibir de nuestras oficinas un certificado de nuestro ministerio, deberán tomar un examen escrito (provisto por nuestras oficinas) en la presencia de algún oficial de su iglesia.

Toda instrucción o reglamento adicional está a la discreción del maestro. Los materiales que corresponden a cada nivel están disponibles y pueden ser adquiridos comunicándose con las oficinas de nuestro ministerio al (973) 472-3498 o vía Internet a joaby@aol.com o www.academiadediscipulado.com.

Proyectos del discípulo

Cada nivel de preparación en la Academia de Discipulado viene con la asignación de un proyecto diseñado para la práctica de los principios bíblicos aprendido. En la mayoría de los casos, los maestros/mentores deben de estar presente para supervisar el desarrollo de sus discípulos. Estos proyectos son:

La escuela de adoradores – un retiro espiritual en la iglesia anfitriona con todos los alumnos

La escuela de evangelismo – trabajo personal en las calles, plazas o "mall" de la cuidad

La escuela de mentoría – trabajo personal en los hospitales o asilo de ancianos

La escuela de ministerio – cada alumno debe ser voluntario de uno o varios ministerios de su iglesia local para descubrir donde Dios le está llamando a servir.

La escuela de líderes – cada alumno debe asistir al retiro de líderes en preparación de su graduación. En este retiro, cada alumno compartirá su experiencia de formación con su grupo.

La última parte del retiro consistirá en una ceremonia de lavamiento de pies donde el alumno tomara para si un colega, y tomaran turnos para lavar los pies el uno al otro, orando y bendiciendo el uno al otro en el proceso.

El Pacto del Discípulo

Para caminar hacia la madurez en Cristo, y para completar la Academia de Discipulado, me comprometo a:

Leer cada capítulo y completar los auto-examines al final de cada lección para poder participar de forma activa en la clase.

Reunirme cada semana con el grupo y mi maestro/mentor durante una hora de clase para hablar del contenido de la lección.

Dar todo mi corazón al Señor y abrir mi mente con el fin de iniciar un proceso de discipulado progresivo y seguro.

Participar en la clase con el fin de contribuir a un ambiente saludable y sincero respetando los otros almunos y al maestro/mentor.

Completar cada proyecto del discipulado antes de continuar al próximo nivel de entrenamiento en la Academia.

Mantenerme conectado con los otros alumnos en mi clase y continuar en la Academia de Discipulado hasta que termine todos los niveles de entrenamiento. Pues solo así, podrá graduarme y ser adecuadamente preparado para servir en la iglesia done soy miembro.

Firma del alumno _____
Firma del maestro _____
  Fecha _____

Tarjeta del Nuevo Creyente

Nuevo Convertido(a) al Señor Jesucristo

Fecha: _____

Nombre: _____ Edad: _____

Dirección: _____ Apt. _____

Ciudad: _____ C.P. _____

Hijos (children) _____

Nombre (Name) _____ Edad (Age) _____

Nombre (Name) _____ Edad (Age) _____

Nombre (Name) _____ Edad (Age) _____

Invitado por (Invited by) _____

de Teléfono/Telephone: _____

de Celular (Cell phone): _____

Correo Electrónico/Email: _____

Caballero/Male _____ Dama/Female _____

Niño/Child F_____ M _____ Joven/Youth F_____ M _____

Escriba su Petición Atrás

Reporte de Seguimiento

Fecha: _____

Nombre	Telefono	Correo electronico	Dias disponible	Comentarios

Reporte Mensual de la Academia

Fecha: _____

Maestro	Nivel	# de alumnos registradas	# alumnus Aucente	Libros	Cantidad colectada	Dueda de libros

Auto-Examen #1

¿Dónde se encuentra la siguiente escritura en la Biblia?
"Id por todo el mundo y predicad el evangelio a toda criatura. El que creyere y fuere bautizado será salvo; pero el que creyere no será condenado" _____

Nombre los tres puntos de enseñanza de nuestra escritura principal mencionada en la lección uno:

_____
_____
_____

Defina la palabra evangelismo en sus propias palabras:

_____
_____
_____

Encuentre un verso en la Biblia en donde confirma que todos los creyentes son llamados a evangelizar

_____

En la lección uno discutimos sobre siete pasos de preparación por los cuales cada estudiante debe guiarse cuando comparte el evangelio con otros. Ellos son:

_____
_____
_____
_____
_____

Auto-Examen #2

De acuerdo a la lección dos, el evangelio de Jesucristo tiene siete puntos básicos, anote cada punto y describa lo que significa:

Auto-Examen #3

El compartir tu testimonio es compartir el _____ personal de tu camino de fe en Cristo Jesús.

De la misma manera que los discípulos fueron enviados a testificar acerca del Salvador resucitado, a nosotros también se nos ha mandado a compartir nuestro _____ con el pedido y el mundo que se muere en el pecado.

En la visión del Apóstol Juan del Apocalipsis, Juan ve una de las maneras en que los cristianos pueden vencer la maldad del mundo y al diablo, nuestro enemigo. Vencemos:
   a) Siendo perfectos y nunca pecando
   b) Por la palabra del testimonio
   c) Yendo a la iglesia todos los días
   d) Ninguna

Mucha gente de Samaria creyó en Jesús como un resultado del testimonio de la mujer Samaritana (CIERTO o FALSO).

Escriba tres maneras prácticas de compartir su testimonio con otros:

_____
_____
_____
_____
_____

Auto-Examen #4

Y él les dijo, "No es de ustedes el saber las sazones de los tiempos, las cuales el Señor ha puesto bajo su propio poder, pero recibiréis _____ cuando haya venido sobre vosotros el Espíritu Santo.

Explique lo que significa el ser bautizado en el Espíritu Santo.
_____
_____
_____
_____

El Espíritu Santo es la presencia de _____.

El bautismo del Espíritu Santo es diferente a la regeneración. (CIERTO o FALSO).

De acuerdo a nuestra lección, el bautismo del Espíritu Santo todavía está disponible hoy. Explique cómo es esto cierto utilizando prueba bíblica.
_____
_____
_____
_____
_____
_____
_____
_____

Auto-Examen #5

Escribe las nueve características del fruto del Espiritu y una breve explicación de cada una de ellas:

Auto-Examen #6

La meta de cada discípulo es la de ser un _____ fructífero del evangelio de Jesucristo.

Las raíces crecen después que comenzamos a sembrar _____. Cuando comenzamos practicar hábitos los cuales son espirituales en naturaleza entonces, las raíces espirituales fuertes comienzan a crecer.

Describa lo que significa el ser plantado en la palabra de Dios.
_____
_____
_____
_____
_____

Haga una lista de cuatro beneficios del ser plantado en la palabra de Dios según Salmos capítulo uno:

_____ - *Y será como árbol plantado junto a corrientes de aguas...*
_____ - *Que dá su fruto a su tiempo...*
_____ - *Y su hoja no cae...*
_____ - *Y todo lo que hace prosperará.*

Describa lo que significa ser plantado en la casa de Dios
_____
_____
_____

Haga una lista de tres beneficios del ser plantados en la casa e Dios de acuerdo al Salmo 92.

_____ - *En los atrios de nuestro Dios florecerán*
_____ - *Aún en su vejez fructificarán*
_____ - *Estarán vigorosos y verdes*

Describa que significa el ser plantado en la oración:
_____
_____
_____
_____
_____
_____
_____
_____
_____

Auto-Examen #7

De acuerdo a la lección siete, la parábola del sembrador tiene cinco claves básicas. Llene los blancos abajo:

El sembrador es la persona quien _____ lleva la palabra de Dios.

La semilla es la _____ de Dios.

La tierra simboliza la _____ quien oye la palabra de Dios (su corazón y mente).

El primer tipo de terreno del cual Jesús habla en la parábola del sembrador es el cual yo llamo el terreno de la orilla del camino. Este representa la persona quien:
    a) Se aparta
    b) No dura mucho en la iglesia
    c) No entiende la palabra
    d) Tiene un corazón duro

El segundo tipo de terreno representado en esta parábola es el terreno de pedregales. Este representa a la gente la cual:
    a) No le gusta la palabra de Dios
    b) No entiende la palabra
    c) Tiene un corazón duro
    d) Están ahogados por los afanes de la vida.

La tercera condición espiritual representada en esta parábola es el terreno con espinos. Este representa a la gente quienes:
- a) No le gusta la palabra de Dios
- b) Son ahogados por los afanes de la vida
- c) No entienden la palabra
- d) Tienen un corazón duro

La Biblia enseña que la raíz de todos los males es el _____ al _____.

Auto-Examen #8

Nombre tres factores de productividad fructífera de acuerdo a la lección ocho:

_____
_____
_____

Haga una lista de los tres niveles de productividad que se encuentran en un terreno fértil de acuerdo a la lección ocho:

_____ %
_____ %
_____ %

La Biblia nos enseña que, "Hay un _____ para todo, y una época para cada cosa debajo del cielo."

Aprendimos tres principios básicos de acuerdo a la parábola de los talentos en el libro de Mateo, capítulo 25. Estos puntos están enumerados abajo. Llene los blancos:

Dios da talentos de acuerdo a nuestras _____.
Dios espera que sus trabajadores _____ sus talentos.

Dios regresa para llamar a _____ sus trabajadores.
Nombre cuatro funciones de una productividad fructífera de acuerdo a la lección ocho:

_____
_____
_____
_____

Auto-Examen #9

¿Cuál es el corazón de Dios según esta lección?
_____
_____
_____

¿Cuál es la realidad de la eternidad que cada creyente debe reconocer?
_____
_____
_____

Escribe una lección que aprendistes de la historia de Jonas.
_____
_____
_____

¿Cuál es uno de los peligros del prejuicio?
_____
_____
_____

Explique como Jesús tenia pasión por las almas.
_____
_____
_____

El Evangelista

Auto-Examen #10

Haga una lista de los tres métodos básicos para el evangelísmo de acuerdo a la lección:
_____
_____
_____

En el capítulo once aprendímos sobre los simbolísmos. El pez simboliza un _____; el mar simboliza el _____ y el bote simboliza la _____.

De acuerdo a nuestra lección, los pescadores usaban anzuelos de pescar para atrapar a los peces. Este método representa el _____ personal básico.

La dirección divina es cuando el creyente le permite a Dios _____ a él o ella hacia la persona en necesidad.

Después que Felipe inició la conversación con el Etiópe eunuco, el fue invitado a subirse a su carro. Cuando nosotros evangelizamos, nosotros debemos de aprender a _____ el grado de interés que la persona está demostrando.

Auto-Examen #11

¿Qué es la convicción del Espíritu Santo?
_____
_____
_____

¿Qué significa orar en el nombre de Jesús?
_____
_____
_____

¿Qué significa orar con fe?
_____
_____
_____

¿Que significa ser de "doble animo"?
_____
_____
_____

En la conversión de Saulo de Tarso, el tuvo un encuentro con Jesús que le dijo "dura es dar coces contra el aguijon". ¿Qué significa esto?
_____
_____
_____

Auto-Examen #12

¿Qué significa "dar a Cesar lo que es de Cesar"?

_____
_____
_____
_____
_____

Según la biblia, los seguidores de Jesús deben obedecer las leyes de la tierra y someterse a las autoridades. Explique cuando es que el creyente no debe obedecer las leyes civeles.

_____
_____
_____
_____
_____

¿Qué significa "dar a Dios lo que es de Dios?

_____
_____
_____
_____

En tus propias palabras, describe lo que son los diezmos.

_____
_____
_____

Escribe las tres bendiciones del diezmador según el profeta Malaquias.

_____
_____
_____
_____

Bibliografía

Ralph Earl. *How we got our Bible*. Kansas City: Beacon Hill Press, 1992.

Frederick C. Mish, Editor in Chief. *The Merriam-Webster Dictionary*.

Springfield: Merriam-Webster publishers, 1989.

Earl D. Radmacher, General Editor. *The Nelson Study Bible, NKJV*.

Nashville: Thomas Nelson Publishers, 1997.

Frank Charles Thompson. *Biblia de Referencia Thompson, R.V.*

1960. Miami: Editorial Vida, 1983.

Dios Habla Hoy. España: Sociedades Bíblicas Unidas, 1996.

W.E. Vine. *Vine Diccionario Exhaustivo*. Nashville: Editorial Caribe, 1999.

James Strong. *Nueva Concordancia Strong Exhaustiva*. Nashville:

Editorial Caribe, 2002.

Matthew Henry. *Matthew Henry's Commentary on the Whole Bible*.

Peabody: Hendrickson Publishers, 1997.

Alfred Thomas Eade. *Estudio Bíblico de la Nueva Panorama*. El Paso: Editorial Mundo Hispano, 2001.

S. Leticia Calcada. *Diccionario Bíblico ilustrado Holman*. Nashville:

B&H Publishing Group, 2008.

Webster's New American Dictionary. New York: Books Inc., 1947

Recursos de la Academia de Discipulado

Nivel 1　　　Nivel 2　　　Nivel 3　　　Nivel 4　　　Nivel 5

Para más información:

Joseph Anthony Andino

15 Grove Street

Passaic, New Jersey 07055

Joaby@aol.com

www.academiadediscipulado.com

973-472-3498

www.ingramcontent.com/pod-product-compliance
Lightning Source LLC
Chambersburg PA
CBHW071207070526
44584CB00019B/2949